资深连锁超市小老板的生意经

图书在版编目(CIP)数据

资深连锁超市小老板的生意经 / 孙朦编著.—长春:东北师范大学出版社,2011.7

ISBN 978-7-5602-7092-0

Ⅰ.①资… Ⅱ.①孙… Ⅲ.①连锁超市—商业经营 Ⅳ.①F717.6

中国版本图书馆 CIP 数据核字(2011)第 131061 号

□责任编辑:梁艺凡　　□封面设计:瀚文锦绣
□责任校对:沙铁成　　□责任印刷:张允豪

东北师范大学出版社出版发行
长春净月经济开发区金宝街 118 号(邮政编码:130117)
电话:0431-84568220
传真:0431-85693386
网址:http://www.nenup.com
电子函件:sdcds@mail.jl.cn
三河德利印刷有限公司印刷

2012 年 4 月第 1 版　2013 年 12 月第 1 次印刷
幅面尺寸:170mm×240mm　印张:18.25　字数:274 千字
定价:33.00 元

前 言
Preface

　　超市一词最早产生于1930年的美国纽约,1930年8月,美国人迈克尔·库仑在美国纽约州开设了第一家超市——金库仑联合商店。当时,美国正处在经济大危机时期,迈克尔·库仑根据他几十年食品经营经验精确设计了低价策略,并首创商品品种别定价方法。它的超级市场平均毛利率只有9%,这和当时美国一般商店25-40%的毛利率相比是令人吃惊的。为了保证售价的低廉,必须做到进货价格的低廉,只有大量进货才能压低进价,迈克尔·库仑就以连锁的方式开设分号,建立起保证大量进货的销售系统。第二次世界大战后,特别是50、60年代,超市在世界范围内得到较快的发展。在90年代进入大陆地区,在短时间之内而风靡全国。

　　伴随着我国零售业市场日益成熟,超市经营的竞争日趋激烈。超市如何避免被淘汰并在激烈的市场竞争中谋求发展,成为超市经营者所必须思考和解决的重要问题。

　　如何经营,才能让自己的超市最赚钱?本书让你规避超市运营中的误区和陷阱,把握最赚钱超市的经营之道。该书针对我国目前超市管理存在的问题,系统全面地提出超市的设计规划、商品管理、顾客服务、员工管理、财务管理、物流管理等的方法和技巧,为超市经营提供参考。全书从超市常见的情景入手,通过大量的案例做教材,给读者提供全新的管理认识和借鉴方法。本书通俗易懂,可操作性强,适合超市老板及管理者阅读。

目　录
Contents

第一章　购物里面学问多

这不是我的货区 / 2
服务员不耐心为顾客拿商品 / 5
你干吗老跟着我？/ 7
导购解说半天顾客却不买 / 9
超市人多，顾客没人接待 / 11
一位自信的顾客 / 13
面对于表情冷淡的顾客 / 17
团体顾客要分清角色 / 19
销售人员不能太冷漠 / 22
多为顾客着想 / 24
打开顾客内心"黑箱子" / 27

第二章　场面要面面俱到

比价格的顾客和"价格间谍"要分清 / 32
对态度不好的顾客应采取迂回战术 / 34

对优柔寡断的顾客要真诚地慢慢磨 / 36

按事先设计好的问题积极发问 / 38

老人推不动购物车却无人问津 / 46

打闹的小朋友被酒瓶划了手 / 51

顾客的羽绒服在超市内被划破 / 53

收银员莫名其妙的消失 / 57

第三章 结账最后的屏障

回家后发现牙膏没了 / 62

手持会员卡却成了非会员 / 65

顾客抱怨排队结账时间太长 / 67

小票上飞来的商品 / 69

一件没有标签的赠品引发的闹剧 / 71

"秀气"的收银员 / 74

让人郁闷的购物卡 / 76

都是支票惹得祸 / 79

第四章 服务态度要端正

酸牛奶中有苍蝇 / 84

商品不喜欢要退货 / 86

当天购物却开不了发票 / 90

营业员说是"公司规定"不给换货 / 92

修表让顾客很不满意 / 93

一只"变质的烤鸭" / 96

护肤品让顾客"无颜以对" / 98

是"999",还是"666" / 101

价签一个价,收银一个价 / 103

如此服务态度 / 106

第五章　商品布局要注意

买个生活用品真难啊 / 112

火锅料放哪去了 / 115

饺子放在最里边,拿不到 / 119

想买蜂蜜却找不到在哪儿 / 121

货架上的"挂羊头卖狗肉" / 124

被踩了一脚的"奥利奥" / 126

超市的货物都哪去了 / 129

一盒鲜牛奶保质日期喷码"错位"的代价 / 131

9 元方便面变成 15 元 / 133

第六章　店面规划是关键

让人烦躁的背景音乐 / 138

这灯光也太暗了 / 141

超市里的卫生间在哪里 / 143

莫名其妙成为小偷 / 145

货架旁边的金属梯 / 147

频繁移动的商品 / 149

货架上堆积如山的箱子 / 151

一个垫板让超市付出代价 / 153

第七章　销售需要一个好策略

输赢就在一块钱上 / 156

促销结束了，价签却没改过来 / 159

不是价钱的问题 / 161

几分钱让顾客很"受伤" / 165

"热情"过度的促销员 / 167

"冷漠"玩"酷"的促销员 / 170

严重腐烂的鲜鱼 / 172

这种苹果好在哪里 / 174

导购非要给顾客推销小码鞋 / 176

顾客对产品不满意 / 177

第八章　员工好，利润高

导购不能光看长相 / 182

员工要吃"回头草" / 185

怎么老是有人跳槽 / 187

员工没有培训出大错 / 191

顾客少不是偷懒的借口 / 194

一声"有病"惹恼顾客 / 196

工作人员态度真差 / 198

一辆购物车引起的争执 / 200

付款前后的不同待遇 / 202

两个老外演"双簧" / 204
便宜的排骨 / 207
"不翼而飞"的影碟机 / 209

第九章　货好才是真的好

还原后的鲜肉 / 212
牛肉罐头中的蟑螂 / 215
一大堆"假冒伪劣"产品 / 217
一样的可乐怎么价钱不一样 / 221
怎么老是没货啊 / 223
库房里传出馊臭味 / 225
来路不明的白酒 / 228
一包过期的牛奶 / 230
这送货速度也太慢了 / 233
冰箱上面的划痕 / 236

第十章　财务是个大问题

顾客付款时用的是假币 / 240
少找钱还不承认 / 243
这么大的超市竟然没有零钱 / 245
收银员的"计谋" / 248
采购真是个"肥事" / 251
员工的工资有点高 / 255
超市促销员的"奇招妙计" / 257

促销员私拆封装多加商品 / 259

有问题的青菜 / 261

第十一章　安全、卫生必盈利

报警器误报引发的事件 / 264

落泪的赵女士 / 267

存包处的包"不翼而飞" / 269

衣服竟然"长了翅膀" / 271

一瓶1000多的茅台不翼而飞 / 272

突然停电的遭遇 / 274

电线短路，超市突然起火 / 276

顾客在卖场中到处拍照 / 278

低价引发的"灾祸" / 280

第一章 购物里面学问多

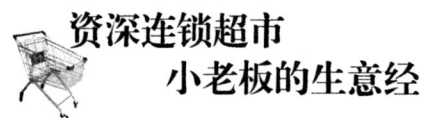
资深连锁超市
小老板的生意经

这不是我的货区

【场景导入】

王小姐是悦微小区的一户居民。一天下班回家后准备做饭,发现到家里的酱油用完了,于是,就到附近的超市去买酱油。进入超市里,就是不见日常调味品在哪里放着。这时,超市过道中走过一名超市营业员。

王小姐微笑地问道:"你好,我想要买酱油。你知道哪里有啊。"

那名营业员瞥了王小姐一眼,向右边指了指。王小姐便一直向右走,终于在一个小角落里发现了调味料。但找了一会,也没有发现自己经常用的那个牌子的酱油。于是,王小姐又来到一这名营业员面前,微笑着说:"不好意思啊。我想要的那个品牌的酱油怎么没有看到呢?"

这时,这名营业员着急了,回答道:"你要买的是酱油,我是负责杂货区的,那不是我的货区,所以不是我的事。您找一下那个货区的导购或者营业员吧。"

王小姐急了:"你说的这是什么话,你们超市是一家吧,你不是这个超市的员工吗?再说,那个货架旁没有导购!"

这名营业员嘴更硬了:"我是我们超市的员工。但是我们是有分工的,不是我的货区我和您一样是外行,关于那个货区的商品您问我不等于白问啊。我没有说错啊。"

王小姐听了服务员的话,非常生气,吵嚷着叫来超市负责人,说:"你们超市分工真明确啊,各人就只干各人的事啊。想买瓶酱油也没人给说

第一章
购物里面学问多

一下。现在超市多的是，又不是只有你们一家，我去哪儿买不行？以后再也不来你们这儿了。"说完，王小姐头也不回愤愤地走了。超市负责人和营业员你看着我，我看着你……

【案例解析】

超市中的商品琳琅满目，分为很多大类。很多大类下面又有很多小类。去超市购物的顾客有时在卖场里逛了半天也找不到自己想要买的东西的情况是经常见到的。这时候，走过一位超市的工作人员，对于顾客来说，就好比是一根"救命草"。所以，顾客会向工作人员询问自己所要购买商品的位置。

当然，超市员工也有很多分类，有理货员、营业员和导购等，而且这些员工又都属于不同的货区。当顾客向一名员工询问不属于自己货区的信息时，作为员工是选择耐心回答，还是像上面案例中的营业员一样，认为不是自己货区的事就推卸责任呢？显然，正确的做法应该是第一种。无论顾客问到的货品是不是自己货区的，只要是在自己超市购物时问到的商品信息，超市工作人员都要耐心对待。顾客找不到自己想要买的商品，或者对商品的具体信息不了解时，这是一个为超市及服务员自己加分的好时机。

所以，只要顾客在卖场中有了疑问，超市员工的原则就是不要让顾客的找不到商品所在位置，要想方设法为顾客解决。

【老板建议】

顾客在超市购买商品时，会遇到很多问题，比如找不到商品在哪里放置，在货架上找不见自己想买的商品……这时候，超市中卖场中的工作人员就应该主动为顾客答疑解惑。

一般员工在通道上看见顾客应微笑着主动打招呼："您好！需要我帮忙吗？"这时注意与顾客的距离不要太近，距离保持在3米为佳。

当顾客想要知道商品使用、特点、质量等方面的信息时，无论员工工作有多忙都应停止手中的活为顾客进行解答，并指引顾客需购买商品所在的位置。因为"顾客就是上帝"，超市的一切活动都是为了把商品卖给顾客，从中赚取利润，只有把顾客服务好了，才会实现商品的买卖。

当顾客找不到自己想要的商品时，卖场里的任何一位员工都应主动带领顾客到商品所在区域，并请那个部门的员工为顾客服务。

如果顾客找不到所买商品，寻求员工帮助的时候，员工正在为另一位顾客服务，那么，员工应该向被服务的顾客解释："对不起，请稍候，我回答一下那名顾客的问题，马上回来。"然后将顾客带到主通道指引顾客购买商品所在的位置。

如果顾客想要的商品在员工自己工作的部门，除带领顾客找到商品外还要为顾客讲解和挑选商品。在这个过程中，注意也要因顾客而异。有的顾客喜欢自己挑选商品，不喜欢被超市人员打扰，这个时候超市员工最好静静地站在一旁。而对于总四处观望、亟须帮助的顾客，超市人员就要主动上前为其提供服务。

如果顾客想要的商品在员工所工作的部门，而员工暂时也找不到这件商品，应向顾客解释："对不起，耽误您一会儿，我需要查找一下商品。"

当顾客问到的问题自己解答不了时，不应回绝顾客，而应请求同事协助解答。

总之，超市购物服务中没有"分外的事"。只要顾客在卖场中提出的疑问都是超市每个工作人员需要为之解决的。

编者小评

超市作为一个"杂货铺"人员分工对商品的销售有着很大的优势，但是超市是一个整体，不能因为不是自己的货区，就不管自己的事，要做到既要分工明确，也要协调合作。

第一章
购物里面学问多

服务员不耐心为顾客拿商品

【场景导入】

天气越来越热,许小姐去公司附近的超市购物。她想买一双夏季穿的人字拖,来到鞋类区,看了半天,一双挂在最上面架子上的粉红色的拖鞋吸引了她。

看着大小也差不多,于是许小姐有礼貌地对旁边一名超市工作人员说:"你好,请帮我拿一下最上面那双粉红色的棉拖吧。"工作人员回答道:"这款人字拖鞋粉红色的就这一双了,而且放这么高,拿取不方便,拿下来如果你不要我还得放回去?"后她又执意向许小姐推荐其他款式的拖鞋,嘴里还不停地说:"这里有这么多样式的拖鞋,你为什么非要那双?"边说边取下其他款式的棉拖,放在许小姐面前,这让许小姐哭笑不得。

许小姐就是看上那双粉红色的人字拖,所以再次要求工作人员帮她把拖鞋取下来,并说:"只要这双拖鞋没有质量问题,我肯定会买的。"工作人员继续说:"那万一你不要怎么办?我们还得重新将它放上去,真麻烦。"

她继续向许小姐推荐其他款式和颜色的拖鞋。最后,许小姐等了十几分钟后,该工作人员才慢慢腾腾、非常不情愿地将那双粉红色人字拖鞋取了下来。许小姐试了一下,正好合适,等待了许久,许小姐终于买到了自己心仪的棉拖,却窝了一肚子的火,暗暗发誓再也不到这家超市买东西了。

【案例解析】

"顾客说什么就是什么",在今天竞争非常激烈的零售业,优质的服务已慢慢成为各家超市竞争的焦点。如今满足顾客要求已不再是衡量一家超市优质服务标准,而成为最基本的服务要求。

在超市里悬挂商品的目的:为了让顾客看到商品后"怦然心动",然后购买商品，超市从中赚取利润。当顾客看到悬挂在高处的商品心动的时候。而工作人员却嫌麻烦，宁可让商品高悬，也不愿伸手取下来让顾客购买，这样对于超市来说，相当于"女朋友结婚了，新郎不是你"，这样的超市怎么能赚钱呢？

所以，对于超市大卖场中的商品，无论搁置在哪里，只要顾客有心看，就有五成的几率买这件商品。所以，超市工作人员要全心全意为顾客服务，不要像上面案例中的超市工作人员一样在为顾客拿商品时和顾客讲条件。这样会让顾客感觉工作人员服务很不热情。

【老板建议】

态度决定一切的标准。对于一家连锁超市来说，如果每一位员工都像上面案例哪位导购一样，嫌商品位置太高而不愿去拿，那么这家超市离关门也不远了。

专家认为：一位合格的导购心中有一个"全心全意为顾客服务"的服务态度，才能真正给顾客提供最优良的服务。服务的根本在于超市工作人员是否能够以最和善、亲切的态度来提供服务，也就是配合顾客的心情来提供服务。就像情景导入案例中一样，顾客对某件商品很感兴趣，却伸手不可及，所以急切想让工作人员帮助自己拿到商品，一看究竟。这时，超市工作人员无论多忙，都要积极满足顾客的要求。

当然，由于每个人都有自己独特的性格，所以要迎合所有的顾客并不是一件简单的事。因此，超市工作人员在面对顾客时应当仔细观察他们的言行举止，以便配合他们的希望提供服务。

态度决定一切，超市工作人员在卖场中要认清自己的工作对象，对待工作认真，对待顾客耐心。用优质的服务打动顾客的心。现在，大中小型超市很多，超市里商品的同质性很大，因此超市工作人员的服务就在一定程度上决定了超市是否更赚钱。

你干吗老跟着我？

【场景导入】

一天下班回家后，准备洗澡却发现沐浴乳用光了。于是，阿玲去自己小区下边的一家超市去买日常用品。走到洗浴用品区，超市导购小陈微笑着走过来。阿玲看了她一眼，继续挑选自己想要的沐浴乳。这时，小陈依旧跟在阿玲旁边。阿玲瞪了小陈一眼，换到了另外一个货架，谁知小陈也跟了过来。

这下阿玲忍不住了，说："你一直跟着我干什么？"

小陈微笑着说："小姐，我是这个洗浴商品区的导购，我可以为您介绍商品。"

阿玲瞥了小陈一眼，说："不用了，我想自己看看。"

但是阿玲一转身发现小陈还是跟着她，阿玲这下急了，大声说道："你总跟着我做什么。我都说了，我就随便看一下。我适合用哪一款的沐浴乳，我比你更清楚，不用你来给我介绍。你这样跟在我后面，是觉的我像一个小偷吗？"

小陈被问得说不出话来，脸一下子变红了。阿玲瞪了她一眼，就愤愤地走了。

【案例剖析】

顾客在超市中选购商品时，有各自不同的消费习惯；有的顾客喜欢让导购为自己介绍各种商品，方便自己从中挑选；有的顾客则不喜欢导购跟在自己身边，而是喜欢自己细看商品介绍，自己做出购买选择。

上面案例中小陈所遇到的这名顾客阿玲，就属于第二种不喜欢被打扰的顾客。而导购员小陈没有细心观察到顾客的特点，紧跟其后，希望能够为顾客提供帮助。小陈本是好心，结果却让喜欢自己安静购物，不想被打扰的顾客阿玲烦恼不已，气冲冲的走了。

所以，超市导购人员在卖场中为顾客服务中，不要对谁都表现得非常"热情"。要善于看人，针对不同的顾客提供不同的服务。不要以为顾客在自己的货区，就觉得自己知道的信息肯定比顾客多，就想与顾客分享自己的看法。许多顾客却不认为导购是在为自己分享信息，总以为导购在为自己推销"不好的商品"，所以，导购的"好心"反倒办了"坏事"。

【老板建议】

超市一般都会规定卖场导购人员要以热情的服务为顾客介绍商品。但是许多导购人员却不考虑方式和方法。看见顾客，就不顾一切走上前去开始介绍。这样，会让顾客反感。所以，为顾客介绍商品没错，但一定要注意方式和方法。

一般情况下，看到有顾客进入自己的货区，首先要有礼貌地问："您好，请问需要帮忙吗？"…"您好，您要买什么吗？"…"您找到合适的商品了吗？"

对于在浏览商品时不愿被人打扰的顾客，导购不要紧跟着顾客，可以向顾客说："您慢慢看，如需要帮助随时叫我。"这样可以让顾客毫无压力地在店里走动，并挑选自己需要的商品。

也有许多顾客认为只要有导购就是想向自己推销商品，所以在导购为他提供帮助时时，就会不耐烦地说："你干吗老跟着我？看看不行呀？"如果遇到这样的顾客，导购一定要先顺着顾客，而后要面带微笑地表示歉意，表明自己的本职工作："我们是为了更好的为您提供优质的服务，这也是我们店里的服务宗旨。"

所以，对于来潮时购物的顾客首先要细心观察。如果顾客一进来就环看四周，导购就要走向前去服务；而对于直接就走进货区选货的顾客，则不要冒然上前服务，得对方发问时再上前为其简答，否则只会让顾客产生厌恶，从而失去客户资源。

编者小评

来超市购物的顾客，分为好多种，有的顾客喜欢导购热情的服务，有的顾客喜欢自己一个人找自己需要的商品。所以作为一位导购，要学会察言观色，使自己立于不败之地。

第一章 购物里面学问多

导购解说半天顾客却不买

【场景导入】

一天,孙女士到公司附近一家新开的超市。在逛超市的过程中,孙女士来到丝袜区,显然是对这里花色鲜艳的丝袜很感兴趣。

这时,站在一旁的营业员小白微笑着拿起一条咖啡色的丝袜,说:"您看这条怎么样?"孙女士(对着镜子前后左右照了照):"还行,感觉围着很舒服。"小白又拿来一条丝袜:"这里还有刚到的一种款式,这是今年非常流行的都市丽人风格的。您试试。"孙女士:"这条也还行。"小白说:"您试试吧。"孙女士又穿上这条丝袜对着镜子在比较。

小白(又拿出另外一条):"这条面料是进口的,就是价钱稍贵了点。"孙女士(又换上一条):"到底哪一条好呢?也许应该叫上我好朋友帮我参谋一下。"

小白在此时打断了孙女士的思绪:"我觉得这三条都挺适合您的,要不,您再看看这条。"孙女士:"是呀,我觉的都挺好的,但现在天气也越来越冷了我不太喜欢天天都穿丝袜,一条就够了,也没有必要都买下来,哪天叫我好朋友和我一起再来吧!"

小白赶紧叫道:"等等,要不您再看看这一条怎么样,保证您最喜欢这条。"孙女士:"谢谢,不用了,改天我再来吧。"说完便离开了。

【案例剖析】

上面案例中,孙女士本来对丝袜很感兴趣,想要为自己挑选一条。但为什么营业员小白介绍半天,孙女士却不买了呢?原因在于,小白没有掌握为顾客介绍商品的技巧。每一款商品,在小白嘴里说出来都非常适合孙女士,这样让孙女士觉得这样的建议没有一点儿参考价值。每一款都非常适合,但顾客一般不会因此就会买下所有的商品。

所以,营业员在为顾客介绍商品时,要根据顾客的需求特点,结合与顾客交谈时顾客的偏好,为顾客提供有价值的商品信息和建议。不要当顾客问到哪款商品最适合自己时,营业员告诉顾客所有的商品都适合,这样的建议在顾客看来是没有任何价值的。营业员不要期望因为自己的这句建议,顾客就会买下所有的商品,顾客在超市是在挑选商品,而不是批发商品。对顾客说自己超市的商品"都好"和"都不好"的性质是一样的。

【老板建议】

超市工作人员具体如何做才能做到察言观色,按顾客所需服务顾客呢?如何才能最高效地为顾客介绍商品,不出现小白一样介绍半天顾客一件也不买的情况呢?

首先,要善于观察顾客。顾客走进超市,工作人员要会从顾客年龄、性别、外貌、神态、服饰等外形特征上去研究,从而判断顾客的消费层次。

其次,注意听其言论。从顾客的言谈、口音、声调等特征去判断顾客偏好哪种类型的商品。

还有一点,就是注意观察顾客的行为。比如,顾客走到一个货架旁,驻足片刻,说明这个货架上肯定有顾客心动的商品。

工作人员做到前面三点,就可以判断这名顾客是以游逛为目的的"游客",还是以购买为目的的"买主"。

编者小评

超市的商品琳琅满目,顾客很容易挑花了眼,这是导购要抓住顾客那种不知选什么好的心理,向她主推一种款式,而不是一件一件的向顾客介绍,这样会让顾客感觉更加难以购买,从而使导购说了半天,顾客却是不买。

第一章
购物里面学问多

超市人多，顾客没人接待

【场景导入】

赵计波在一个周末去一家大型超市闲逛。一进入超市，就是图书区。非常喜欢看书的赵计波突然想起朋友向他推荐的一本近期非常畅销的小说，于是他想顺便买下来。

因为是周末，超市里是人山人海，图书区也有不少的人。赵计波在畅销小说区里翻看了半天，也没有找到自己想要买的那本小说。这时，他向四周看了看，想找一位导购员帮自己找下这本小说。可是找了半天，也没有看到图书区导购员的影子。

就在赵计波想要放弃的时候，这时，他听到在拐弯处一个角落里一群顾客围着一个导购员，他确信这就是图书区的导购员。终于看到希望了，于是他也走了过去，想向营业员寻求帮助。

"您能帮我找本书吗？"赵计波说。

那位导购员只顾低着头为一名顾客找书，好像没有听到赵计波的声音。

赵计波有些不耐烦了，又说了一声。

导购员还是没有反应。这时他旁边一位中年人无奈地对赵计波说："算了，我们在这儿等了这么长时间，他都没有反应。估计他是太忙了！"说完，便摇了摇头走开了。

赵计波也失望地走了。

【案例剖析】

每到周末或者节假日，都是超市的购物高峰期。这个时候，每个货区都会聚集很多顾客，而超市一般不会因为周末人多就增加工作人员。这时，就需要每位工作人员都要有一定的服务技巧了。要做到"接一、顾二、招呼三"。上面案例中的这位图书导购员就是一门心思地给第一位顾客找书，而忽视了等候在旁边的其他的顾客。面对顾客的请求，却没有一点儿反应。

这样，只会让顾客感觉到自己不被重视，宁可不买商品选择离开，也不在继续等候。这样，超市虽然服务了少数顾客，却因此失去了大多数顾客。

所以，超市工作人员无论多繁忙，对于每一位顾客的疑问都要第一时间给以答复。即便是不能立刻解决，也要安慰顾客，向顾客说明自己的难处。工作人员要向顾客说明情况，短时间的等待顾客都是可以理解的。而对顾客置之不理就是对顾客的冷淡，也是工作人员的失职。

【老板建议】

在超市经营过程中，时常会遇到销售高峰。此时，超市里顾客多，需求也多，就会发生"一对多"的局面，那一名营业员同时需要服务多名顾客，这时营业员的接待速度就和顾客的要求发生了矛盾。每位顾客都希望和平时一样得到营业员的服务。而营业员每次只能服务一名顾客。

在这种情况下，营业员要做到耳灵目敏，沉着冷静，聚精会神地接待好顾客，尽可能做到"接一、顾二、招呼三"，即接待第一个顾客时，同时询问第二个顾客要买点什么，顺便招呼第三个顾客，"对不起，请稍等一下"。当然，也要具体问题具体分析。例如：对赶时间的顾客，营业员可以同其他顾客打个招呼，优先接待；对购买单一商品，不需要挑选和找零的顾客，可以在接待其他顾客的同时，快速接待。一般情况下，营业员服务的顺序应该按顾客先来后到的顺序，还要注意随时安抚等待顾客的情绪，不要让他们感觉自己被冷淡。这样，才能让所有的顾客都能买到想要的商品。

编者小评

超市作为一个大型的购物场所，每天接触的顾客非常之多，尤其是周六日，节假日，简直是人山人海，这时就是考验我们导购员的能力的时候，导购员要做到，同时帮助多名顾客，而不是一个一个的接待。如果一个一个接待，只会让其他等候的顾客，感到不受尊重，从而失去客户。

一位自信的顾客

【场景导入】

一个中年男人稳步进入卖场,径直走向冰箱、冰柜专区,销售人员小李忙迎上前去。

销售人员小李:"先生您好,需要什么冰箱,我给您介绍一下……"

顾客:"哦,不用了,我来看一下海尔冰箱的价格。"

销售人员小李:"先生眼光真好,您选中这一款了?"

顾客:"我对这个很熟悉,自己看就行,你不用给我介绍了,免得浪费大家的时间,一会儿我购买的时候再找你吧!"

销售人员小李:"……"

【案例剖析】

很明显,该场景中的销售人员小李似乎已经没有足够的理由来得到这位顾客的信任。其实几乎所有的销售人员都曾遇到过上面场景中的这种性格类型的顾客,这类顾客往往言语比较自信,会坚持自己的看法,不听销售人员的建议和产品简介,比较注重时间效率。很多新上任的销售人员由于经验太少,因此对很多顾客类型把握不清楚,导致出现像小李这种卡壳的情况。但若对大部分顾客的性格特征进行归类,并制定比较灵活的应对策略,这种尴尬的场面还是可以避免的。

【老板建议】

在家电卖场中,我们见到的顾客大多数都是陌生人,之前没有同他们打过交道,所以销售人员往往只能凭借对顾客的第一印象来判断顾客的性格特征。由于销售人员是第一次与顾客在家电卖场中进行交流,因此对顾客的做事方式缺乏了解,故顾客外表特征和行为特征以及最初的迎客搭讪试探就成了销售人员在第一时间判断顾客性格特征的重要依据。

经过对大部分顾客性格特征的统计分析,我们可以将顾客的性格特征和行为方式按照行事的节奏和社交能力分为四种类型,并分别用以下四种动物来表示。

老鹰型的性格特征

老鹰型的顾客做事爽快,决策果断,以事实和任务为中心,他们给人的印象是不善于与人打交道,主观性非常强。这种人常常会被认为是强权派人物,喜欢支配人和下命令。他们的时间观念很强,讲求高效率,喜欢直入主题,不愿意花时间同人闲聊,讨厌自己的时间被浪费。所以,在家电卖场中同这一类型的顾客长时间交谈有一定难度,他们会对事情主动提出自己的看法。

由于这类顾客追求的是高效率,时间观念很强,所以,他们考虑的是自己的时间是否花得值;他们会想尽办法成为卖场交易中的主动者,希望具有竞争优势,向往第一的感觉,他们需要掌控大局,往往是领袖级人物或总想象自己是领袖级人物;对他们来说,浪费时间和被销售人员牵着鼻子走,都将是其难以接受的。

老鹰型的顾客最容易刁难人,所以要事先做好预防。这类顾客往往会突然提出一个意想不到的问题,让你难堪,你的应对策略是事先进行预防性提问。因此,和这种类型的顾客交谈时最好直接切入主题。

猫头鹰型的性格特征

这类顾客很难让人看懂,做事动作缓慢。他们在平时的沟通和交流中声音不大而且往往处于被动,不太配合销售人员的工作。如果销售人员表现得过于热情的话,这类顾客往往会难以接受。因此,销售人员最好不要对这种类型的顾客太过热情。

这种类型的顾客喜欢在一种自己可以控制的环境下让导购进行引导，习惯于司空见惯的导购方式。他们需要与销售人员建立信任关系。个人关系、感情、信任、合作对他们很重要。他们喜欢团体活动，希望能参与一些团体活动，而在这些团体活动中发挥作用将是他们的梦想。因此有时候，这类顾客往往会带着亲朋好友来卖场买家电。另外要注意，这种类型的顾客不喜欢冒险。

鸽子型的性格特征

该类顾客友好、镇静，做起事来显得不急不躁，讲话速度往往适中，音量也不大，音调会有些变化。他们是很好的倾听者，也会很好地配合销售人员。他们喜欢按卖场基本的购买流程来购买家电，且以稳妥为重，即使被销售人员改变了需求，也是稳中求进。他们往往多疑，安全感不强，在与销售人员发生意见冲突时会主动让步，但会使交易失败。

孔雀型的性格特征

孔雀型的顾客基本上也属于做事爽快，决策果断的性格。但与老鹰型的顾客不同的是，他们与导购沟通的能力特别强，通常以人为中心，而不是以购买家电这件事情为中心。如果一群人来买东西，孔雀型的顾客很容易成为这次交易交谈的核心，这种顾客很健谈，通常具有丰富的面部表情。他们喜欢在一种友好的环境下与销售人员交流。社会关系对他们来讲很重要。他们给人的印象一般是平易近人、朴实、容易交往。在第一次交易完成后销售人员最好给这种顾客一张名片，因为没准什么时候他会带领自己的朋友来你的商场购买新产品，这类顾客很容易被发展成忠实的老顾客。

孔雀型的顾客作决策时往往不关注细节，凭感觉作决策，而且速度很快，研究表明，三次的接触就可以使他们下决心。同时，他们也喜欢有新意的家电产品，那些习以为常、没有创意、重复枯燥的产品往往让他们倒胃口。

　　成功的销售人员通过和顾客的初期交流甚至是顾客说的第一句话，就能区分这四种类型的顾客。一般来说，老鹰型的顾客和孔雀型的顾客讲话声音会大些，速度会快些，显得很有决断意识；而鸽子型和猫头鹰型的顾客则相反。所以，通过第一次迎客的交谈就可以判断他是属于老鹰型或孔雀型的顾客，还是鸽子型或猫头鹰型的顾客。

　　一般来说，老鹰型和猫头鹰型的顾客，在和销售人员的交谈中会让销售人员觉得有些冷淡，这些顾客不轻易表示热情，销售人员可能会觉得很难与他们打交道；而孔雀型和鸽子型的顾客则是属于友好、热情的类型，很容易和销售人员聊起来。

　　正所谓"鱼找鱼，虾找虾，地主喜欢资本家"，不同性格类型的顾客都喜欢找与之具有相同性格类型的销售人员。因此，作为销售人员，你要尽可能地配合顾客的性格特征，然后再影响他们。举例来说，如果顾客说话声音很大，那么销售人员也要相应提高自己的音量，尽量使自己的言语简洁明快；如果顾客讲话速度很快，我们也要相应提高语速。然后，我们再慢慢恢复到正常的讲话方式，并影响顾客也慢慢静下来。

编者小评

　　你留给顾客的第一印象可以让他判断卖场销售人员的专业素质的高低，顾客留给你的第一印象则能让你判断出他的性格特征，这需要作为销售人员的你不断去挑战、总结与尝试。

第一章

购物里面学问多

面对于表情冷淡的顾客

【场景导入】

年后正值大卖场淡季,一位表情严肃的顾客走进某家电销售专区。

销售人员小赵:"先生您好!欢迎光临××大卖场,我们正在搞淡季大促销活动,请问您需要购买什么家电?"

顾客看都没看小赵一眼,径自走进家电卖场。

小赵有些尴尬,然后就在离顾客4米远不时观察顾客的需求。

顾客看了一会儿,摸了摸一款数码相机。

销售人员小赵忙上前去:"呵呵!您要购买相机啊,这款相机正值厂家促销,是今年柯达公司力推的主力机型,1200万有效像素,防抖功能很好……"

"哦!我随便看看。"顾客打断了小赵的介绍。

过了几分钟,顾客什么也没说就走出了家电卖场。

【案例剖析】

我们笑颜以对,可顾客却毫无反应,一言不发或冷冷地回答一句"我随便看看",这种场面其实非常尴尬。因为这类顾客对销售人员的冷淡往往是出于情感上的警戒,要化解这种警戒,销售人员应该从顾客行为中尝试分析顾客类型,然后利用情感感化法朝着有利于活跃气氛和购买的方向引导。

【老板建议】

作为销售人员,每天都能遇到这样的顾客,冷冰冰地进来,对你爱理不理,顶多甩给你一句"我随便看看",让你热脸贴了个冷屁股,场面比较尴尬,不知道如何是好。其实,这种类型的顾客不外乎以下三种情形:

一是对要买的产品比较熟悉,没必要让销售人员介绍,自己看就行了,顶多在讨价还价或支付的时候需要销售人员；二是顾客只是来收集一下所要购买产品的信息，比如要购买的产品到底是什么样子的，各家卖场的报价是多少等各种对比信息；还有一种就是随便逛逛，看着玩。因此，针对不同的顾客，销售人员应该采取不同的方法来接近顾客，而不是单凭一种方法撞到南墙也不回头。

很明显，"没关系，您随便看看吧，需要什么帮助叫我就行"之类的话是错误的，因为这体现出销售人员没有主动去顺势引导顾客需求，从而减少了顾客购买产品的可能性。

此外，顾客对销售人员都有戒备心理，生怕刚来就中了销售人员的圈套，因此他们对销售人员的态度都非常消极。作为销售人员，你可以尝试从以下几个方面接近顾客：

一是找好接近顾客的时机。这个时机往往不是在顾客刚进店的时候，而是在顾客浏览商品时对某一件商品比较感兴趣的时候。此时你可以根据顾客感兴趣的商品，大致联想出顾客想要什么类型的商品，因势利导，成功率往往会比较高。

二是在顾客挑选商品的过程中，不要像盯贼似地跟着顾客，更不要顾客到哪里销售人员就跟到哪里；不要问一些无关痛痒的话，比如"需要帮助吗"等一些惹人烦的问题。

三是在一段时间后要尝试积极引导顾客。如果再次询问顾客时，顾客还是回答"我随便看看"，销售人员就要尽量朝着有利于活跃气氛的方向进行。

销售人员可以按照如下模板灵活应对顾客

销售人员："没关系，呵呵，现在买不买无所谓，但在购买之前一定要了解一下产品，做一些对比，才能买到心满意足的产品。这个行业我做了三年啦，我给您介绍一下这些家电吧！"（以专业人士的身份介入）

编者小评

面对冷淡型顾客，销售人员的信心常会被对方冰冷的口气摧毁，或者被对方的沉默不语给打垮，其销售热情也会降到零点。其实顾客冰冷的口气并不代表顾客是个毫无情感的人。销售人员需要做的就是用情感去感化他们。

第一章 购物里面学问多

团体顾客要分清角色

【场景导入】

一对夫妻带领自己十几岁的孩子一起走进家电卖场的电脑专区

销售人员："您好,欢迎光临××家电卖场！我是电脑专区的销售人员。你们需要买电脑啊,都有什么需求,我来帮你们选一款最合适的电脑吧！"

孩子："我要一个最漂亮的电脑！一定要白色的！"

妈妈："呵呵,瞧这孩子！嗯,我们给家里孩子买一台新的台式机,原来的那个太老了不太好用,不想买太贵的,价格最好在5000元左右吧！因为现在电脑都便宜了,没必要花那么多钱。"

爸爸："嗯！您好！我们带孩子来看看电脑,家里面的那个电脑吧,上机慢死了,连杀毒软件都不敢装,所以这次打算买个配置高的,性能好的,流畅的,看电影不卡的。配置能有多高就多高。"

【案例剖析】

在日常的销售过程中,销售人员经常会遇到如上场景中所示的一些团队顾客,他们往往是一群朋友或者一个家庭集体出动。最为头疼的是,他们往往每个人都知道一部分产品信息,而且每个人都想表达自己的观点和自己的需求,但是他们的观点往往不一致,难免出现"以偏概全"、"七嘴八舌"的情况。在这种情况下,销售人员与顾客之间的交流往往是极其复杂和头疼的：一方面,这群顾客仗着人多,认为他们自己很了解想购买的家电,认为销售人员只是花言巧语,避实就虚；另一方面,销售人员则认为这群顾客不懂装懂,自作聪明,甚至不可理喻,以至于双方都不愉快,导致交易失败。

但是销售人员必须明白,这群顾客买与不买的标准是不确定的,甚至是相互冲突的，销售人员在没有充分了解这群人各自扮演的角色前，最好不要提供含有自己建议的产品需求标准，这可能不仅没有任何正面效果，还会造成顾客群直接流失掉。

【老板建议】

大型的家电产品属于家庭开支的大件，因此购买者往往不敢单独行动，喜欢拉上几个亲朋好友一起来。但是在选购家电的时候，团队中各个成员都有自己独特的兴趣和爱好，所以意见往往不一致。但这个时候，销售人员必须"擒贼先擒王"，分清团队中各个成员的角色是非常重要的。

首先要找出团队中的决策者或拍板人。决策者的特征就是其他成员有什么新的意见的时候都会和他商量一下，决策者往往会统一最后的意见。比如如果是一帮大学生来买一台电脑，那么出钱的那个人往往就是决策者，虽然他不一定内行；而若是一家人前来购买小型家电或日常用品等，那么决策者或拍板人往往就是家庭中的女主人；像冰箱、彩电等大型贵重家电，则往往是家庭中的男主人说了算。

其次要找出团队中的内行。内行对产品的成交起决定性作用，虽然内行既不会出钱也不使用即将购买的产品，但是他是家电产品的参谋长，只有经过他"法眼"的家电产品才会被团队中的决策者所考虑。

剩下的就是找出出钱的人和使用家电的人。这两个人虽然没有前两种人重要，但依然不可轻视，你所选产品的价位、产品的可操作性就会影响到这两个人的利益，因此你也必须恭维对待。当然，有时决策者也是出钱人或使用家电的人。

分清这个团队中每个人的角色之后，你就要在不同阶段采取适当的策略来进行产品导购了。

团队意见不一致阶段

这时候销售人员不能盲目发表自己的意见，免得惹人反感。由于这个阶段团队内部意见不一致，因此销售人员只能先默默地听团队内所有人说完，听出他们有分歧的内容，这期间要不断配合笑容以表示理解。

逐一配合阶段

团队成员会经过讨论才能达到意见的基本统一。因此在团队中的每个人发表意见的时候,销售人员可以随声附和以表示支持甚至补充一下意见人的观点,尤其是对提高卖场利润有利的时候。

融入其中协调意见统一阶段

这时候团队内部的讨论进行了一大半,销售人员可以融入其中,将自己掌握的市场信息和产品信息告诉大家,以弥补团队中的盲点和一些人的疑虑。

角色最终确认阶段

经过上述的努力,销售人员应该能够确定团队中谁是决策者,谁是出钱人,谁是内行了。此外,顺便找出比较附和自己意见的人,这时候销售人员必须谦虚谨慎,更不可言过其实。

主攻拍板人和内行阶段

这个时候销售人员已经确定了谁是决策者和内行,需全力配合、说服甚至转变内行和决策者的需求信息,满足决策者的要求,从而顺利成交。

正所谓"擒贼先擒王",应对团队顾客时,一定要区分清楚每个人的角色。

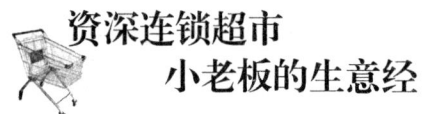
资深连锁超市小老板的生意经

销售人员不能太冷漠

【场景导入】

一个周末的下午,小文和同事苏珊一起来到公司楼下的超市闲逛。因为二人都对空气加湿器非常感兴趣,她们还像往常那样来到了小家电销售专区。

突然,苏珊看到一个心形带有彩色花纹的红色空气加湿器,非常喜欢,便问旁边的小文:"你觉得那个空气加湿器放在我办公室桌上好看吗?"

小文看了下,笑着说:"光看不行啊。你去问一下销售人员,能不能装上水感受一下。"于是,苏珊叫了销售人员一声,可销售人员在空旷的专区另一头,只是向这边看了一下,没有回答。

苏珊感到莫名其妙,心想:难道那人不是销售人员吗?苏珊又重复了一遍:"您好,请问这个空气加湿器可以试一下吗?"

这时,销售人员皱了皱眉头:"那你就试一下吧,里面装了水了,按一下开关按钮就行了,这个还问。"苏珊和小文看见销售人员如此态度,丢下一句话:"你们这是卖东西吗?算了,不买了。"二话没说俩人扭头就走了。

【案例剖析】

这个场景中的销售人员和"太过热情"的销售人员的态度正好相反,这个销售人员对顾客太冷淡了,因此顾客小文和苏珊感到内心很失落,以至于小家电专区错失了商机。面对顾客,销售人员不能太热情,更不能太冷漠。

【老板建议】

销售人员过于热情会让顾客反感，但是态度过于冷漠，顾客有了问题也不热情解答，就会让顾客感觉不受尊重。所以，当顾客对商品表现出兴趣时，销售人员不管顾客是否想买，都要热情地为之服务。有一些销售人员，喜欢凭顾客的衣着或商品购买量，来给予顾客不同的服务，顾客对于这种"势利眼"的销售人员往往十分反感。作为一名销售人员，所有的顾客都是上帝。对于所有的顾客都要热心相待，才能真正地拉动销量。"势利眼"只会让顾客感觉销售人员本身没有水准，也会给家电卖场的形象带来一定的负面影响。

销售人员的热情源于对事业的热爱，源于对顾客心理的了解。也就是说，销售人员只有真正弄懂顾客的消费需求和购买意图后，在促销时，才能适当、适时地进行热心服务。否则，即使销售人员按照工作需要去刻意热情，给顾客的感觉也是非常虚假与做作的。所以，每一位销售人员要首先培养对自己职业的热爱，认识到自己工作的价值。在工作中，多与顾客沟通，从而更好地了解顾客的心理，进一步推动自己的工作。

另外，销售人员的口头语言也十分需要注意，家电卖场销售人员说话时应该注意要用词得当、语气亲切、语速适中。平时在与顾客对话过程中，还要注意几种禁忌用语：

（1）"喂！这边看！"

（2）"有事吗？"

（3）"你要买点什么？"

（4）"你说什么？"

（5）"我忙，你自己先看看……"

以上这些用语，在使用过程中都会让顾客感觉到不被尊重。顾客当然不会喜欢来一家不尊重自己的家电卖场或商场购物。所以，销售人员平时在工作中，一定要注意多使用敬语和礼貌用语。就算顾客不购买，也会因为销售人员的尊敬而对销售人员和家电卖场留下非常好的印象。

由此可以看出，销售人员在平时的工作中一定要灵活。不要只是机械地回答顾客的问题。要学会站在顾客的角度为顾客着想。要做到这一点，销售人员就需要察言观色，善于观察顾客的反应，针对不同的场合、对象，说不同的话，这样就会让顾客感觉销售人员不像是家电卖场的工作人员，而像是自己的朋友，站在顾客的角度为顾客考虑。有了这种想法，顾客对于销售人员推荐的信息就不会反感，而会变成一种信任。

下面具体介绍两种销售人员对顾客察言观色的途径：

（1）通过顾客的服饰、语言、肤色、气质等方面的特点去辨别客人的身份。

（2）通过顾客的面部表情，语调的轻重、快慢，走路姿态，手势等行为举止去领悟顾客的心境。

编者小评

顾客是上帝，是整个卖场的最大收入来源，服务顾客是销售人员的神圣的职责，切忌冷漠对待"上帝"。

多为顾客着想

【场景导入】

一位顾客走进某家用电器城。

销售人员："这位小姐，我们公司现在有个促销活动，如果您买了我们的电子美容仪，就可以享受一些优惠政策，比如免费旅游、延长一年保修。"

顾客："不好意思，我对于这些优惠没有兴趣。我从来不买国产品牌的电子美容仪，哪怕优惠再多、价格再低，都不会考虑的。我看重的是品牌和质量。"

销售人员："这个您不用担心，我们公司有专业的咨询师，他们会针对您的具体情况提供您需要的产品。"

顾客："这种产品对我没有意义，没有必要去搞什么咨询。"

销售人员："我可以向您保证这种产品的质量绝对是一流的。而且还能免费旅游，机不可失，时不再来……"

顾客："对不起，我还有事"。顾客头也不回地离开了。

【案例剖析】

这位销售人员的错误在于：不设身处地地为顾客着想，而是自以为是，喋喋不休，终于引起顾客的反感。他的产品介绍是"死"的，像背台词似的，完全不考虑顾客的感受和反应。这是一种典型的错误推销。

【老板建议】

很多销售人员在向顾客推荐产品时，自以为只要有毅力坚持下去，就可以获得成交。然而，销售人员的毅力和坚持却常常引起顾客的不耐烦，甚至把对方吓跑。

基本上所有的销售人员在推销产品时都会犯类似的错误。不清楚顾客为什么要购买自己的产品，只认为把产品卖出去，自己拿到提成，就万事大吉了。于是他们把嘴巴当成喇叭，对顾客进行"广告轰炸"。殊不知，这种低级的推销手段早已过时，没人吃这一套了。

优秀的销售人员要理解顾客关注的并不是所购产品本身，而是通过购买产品能获得的利益或功效。成功的销售人员普遍具有一种很重要的品质，即积极主动、设身处地地为顾客着想。站在对方立场去思考问题，才能了解顾客的需求，才会知道顾客需要什么、不需要什么。这样就能够比较正确而且也容易抓住推销的重点了。

当你为顾客考虑更多，为自己考虑更少时，也许会被迫放弃部分眼前利益。不过，你会因此善举而获得更加长远的利益。处处为顾客着想，不仅仅是想顾客之所想，急顾客之所急，而且还要让顾客买到实惠的东西省了钱，只有你为他办了实事，而且还最大限度地为他省了钱，这样你才能与顾客保持长久的合作关系，并由此提高你的销售业绩。

纵观那些业绩突出的销售人员，他们之所以业绩出色，是因为他们的价值观念、行为模式比一般人更积极。他们绝不会死缠烂打，不厌其烦地介绍自己的产品，而是主动为顾客着想，"以诚相待、以心换心"。这样才能赢得回头客，保持业绩之树常青。学会换位思考，是销售人员对待顾客的基本原则，更是销售人员成功的基本要素。

日本日立公司的广告课长和田可一就说过："在现代社会里，消费者是至高无上的，没有一个企业敢蔑视消费者的意志；蔑视消费者，只考虑自己的利益，一切产品都会卖不出去。""顾客就是上帝"这一观念时至今日已成为推销的信条和法宝，但是真正能做到的却很少。销售人员在推销产品时，应本着双赢的原则，在考虑自身利益的同时，也要考虑顾客的利益。只有做到互惠互利，才能推销成功；只有让顾客有利益，你才会有利益；只有站在双赢的角度思考问题，销售和推销之路才会越走越宽。

编者小评

　　学会换位思考，从顾客的角度考虑问题，对顾客的心理有所了解，为顾客着想，本着双赢的目的，避免对顾客死缠烂打。

第一章
购物里面学问多

打开顾客内心"黑箱子"

【场景导入】

销售人员介绍完了一款,顾客又指着另一款问,销售人员介绍完后,顾客的眼神又游移到另一款上……

一、

销售人员:"这一款机型也不错,原价2160元,现价1800元,但库房没货了,要买的话就是这台样机,照样能用,保证没有质量问题,照样享受保修服务。您来看里面……"

二、

销售人员:"这款机型采用独特的……它的材料属于……功能有……是一款非常合适的机型。"

三、

销售人员:"这个机型的最大优点是……其次是……这是我们的质量认证标志……"

【案例剖析】

在卖场里几乎每天都会有很多顾客对销售人员这样说:"小姐,你介绍得挺好的。这样吧,我们再去其他品牌看一下,如果没有合适的话我们再回来。"这个时候,销售人员是不是应该问问自己,为什么顾客听完了介绍不做任何沟通就走了?

第一个场景中销售人员说法的误区就是,如果顾客对哪一款产品有兴趣销售人员就积极推介哪一款，那么顾客将不会再信任销售人员。

如果一个销售人员只顾顺着顾客的目光和问话来介绍产品，那么根本无法探明顾客的需要，又如何能掌握沟通主动权，引导顾客提出自己的买点和需要呢？

第二和第三个场景中的误区在于，即使产品有十个卖点，也并不需全部讲给顾客，挑出最打动顾客的一两点即可。

产品介绍必须有重点，要对接到顾客的需求上。要做到这一点，就应该学会对顾客察言观色，确定顾客的类型与需求。如果销售人员不能观察出顾客内在的信息，销售人员的推介就会失去章法，毫无重点，不得要领，只能被顾客牵着鼻子走了，结果就会在乱指一气的讲解中把顾客送出门。

【老板建议】

不同的顾客有不同的需求，有的需要高档豪华的，有的需要经济实用的，有的需要大容量的，有的需要小容量的，有的人甚至根本不知道自己需要什么样的产品，只有被销售人员触动才能激发。如果顾客想要一款时尚外观的，你却拼命推荐经济实用的，你说他会购买吗？相反假如顾客想买低价的，而你总说豪华型性能如何如何优越，这肯定会让他十分尴尬。

因此，谁能打开顾客购买决策的"黑箱子"，谁就能最有效地进行销售。倾听与询问是打开顾客内心"黑箱子"的两把钥匙。销售人员要通过问题来发现顾客的真正需求，并在询问过程中积极倾听，让顾客尽量表达真实的想法。有些销售人员一见到顾客就滔滔不绝地说个不停，让顾客完全失去了表达意见的机会，这种做法往往使顾客感到厌烦。

询问在专业销售技巧上扮演重要的角色，销售人员不但可以利用询问技巧来获取所需的信息并确认顾客的需求，而且能主导顾客谈话的主题。询问是最重要的沟通手段之一，它能使顾客因自由表达意见而产生参与感。

需要注意的是，与"询问"同样重要的是"倾听"。除了要善于提问，销售人员还得搭配运用倾听技巧，如此，销售人员才可能真正接近顾客，而且，这种做法可以使顾客有一种被尊重的感觉。许多销售人员常常忘记这一点，要知道，倾听是确保沟通有效的重要手段。如果在顾客面前滔滔不绝，完全不在意顾客的反应，你很可能会失去发现顾客需求的机会。

倾听和询问是正确掌握顾客需求的重要途径，若销售人员无法善用这两项技巧，其销售行为将是乏味与盲目的。

另外，为了发现顾客的需求，究竟应该花费多少时间来向顾客提问呢？这通常要看销售的是什么商品。通常，商品的价值越大所需的时间越长，反之则越短。

在询问顾客的需求时，销售人员除了要善于提问，还得搭配运用倾听的技巧，如此，才能真正接近顾客。在与顾客沟通中，每问完一个问题，销售人员都需要以专注的态度去倾听顾客的回答，才能从中得到想要的信息，同时顾客也会有一种被尊重的感觉。

第二章 场面要面面俱到

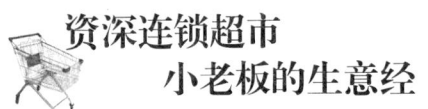

资深连锁超市
小老板的生意经

比价格的顾客和"价格间谍"要分清

【场景导入】

这天上午,家电卖场刚开门,导购员小成就来到他负责的小家电展销区。

这时,他看到有位女顾客正在低头抄写电子剃须刀的价格。小成二话不说,马上冲上去撕掉了顾客手中的纸条。

那名女顾客吓了一跳,对这位导购员的粗暴行为感到非常愤怒,大声嚷道:"你是谁啊?神经病啊。"

小成看了那名女顾客一眼,丝毫没有意识到自己的处理方式有什么不妥,仍理所当然地大声说:"我们家电卖场不允许随便抄商品的价格,我看到你在抄,当然要撕掉。"

这位女顾客生气地说:"原来你把我当家电卖场间谍了啊。你不看看,我都五十多岁了,会做那样的事吗?因为我买的东西很多,现在记忆力也不好了。我记下价格是为去别家比较一下两家家电卖场的价格,所以……"还没等这名女顾客说完,小成就扬长而去了。

这下可把这名女顾客气坏了,发誓以后再也不来这家"暴力家电卖场"购物。

【案例剖析】

场景中,导购员小成作为一名打击"价格间谍"的员工,是非常称职的。但是作为一位家电卖场的员工,却是不称职的。因为,导购员小成只是一味地怀疑一切抄录价格的人都是商业间谍,而不去注意观察抄价格的人是不是有其他的原因。导致把一位因记忆力不好才记下价格方便对比的顾客当成了"价格间谍"。而且，在这名顾客说明实情后，小成也没有及时赔礼道歉，这让顾客更加气愤。

【老板建议】

家电卖场里遇到"价格间谍"，就会导致家电卖场商业机密的外漏，所以，从家电卖场负责人到家电卖场员工都会对"价格间谍"非常上心。但是看到有人抄价，家电卖场工作人员不能武断地认为其就是"价格间谍"，要仔细观察、委婉地询问，了解对方抄录价格的原因后，再进一步沟通，从而做出正确判断。在这一过程中，一定要注意与顾客交谈的语气，要有礼貌，并且一定要尊敬顾客。

导购员作为家电卖场的一员，处处维护家电卖场的利益，是不容置疑，但是要注意工作方法。像小成那样不分青红皂白、贸然采取粗暴的行为是非常不好的。如果对方是真正的顾客，如场景中女顾客是为了方便自己比较价格，导购员就应向其说明店内不允许抄价的规定，并告诉顾客，本店哪些商品是在进行特价促销，肯定是所有家电卖场中价格最低的，从而得到顾客的谅解；如果通过了解，发现对方确实是"价格间谍"，也不能太冲动，首先要向其讲明店内规定，劝止对方不要再继续抄价，为维护家电卖场利益，所抄价格也必须毁掉，希望对方和本卖场公平竞争。如果对方仍不听劝告，则应报告防损主管或店长进行处理。

工作中，要多与顾客换位思考，巧妙地解决问题，才能赢得顾客的心。

由于市场竞争激烈，各家超市的价格成为顾客最关注的问题，谁家便宜，谁家贵，顾客没底。有的顾客选择从超市抄价格以便选择最便宜的购买，看到这种情况，导购员不能不分青红皂白就认为这位顾客是"价格间谍"，要有技巧的解决问题。

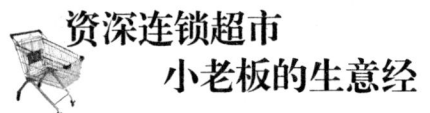
资深连锁超市小老板的生意经

对态度不好的顾客应采取迂回战术

【场景导入】

一个打扮时髦的女人走进家电卖场,后面跟了一个五大三粗的男子。

营业员小刘:"先生、小姐您好!欢迎来到××购物大卖场!有什么需要帮助您的?"

男子:"小姐?你叫谁小姐呢?你才是"小姐"呢!"

营业员小刘:"哦!呵呵,是女士!"

男子:"你的态度太差了吧!"

营业员小刘:"对不起,真的很抱歉,是我的口误,今后我一定改进。"

男子:"你是不是见个女人就叫人家'小姐'啊?都什么世道啊!"

营业员小刘:"对不起,我以后会注意的。"

男子:"不要把我们当做傻瓜,你们这些营业员没一个好东西,都只会忽悠人,你老实点儿啊。"

营业员小刘:"我绝对没有这个意思。如果让您有这种感觉的话,我郑重向您道歉。"

男子:"你说话能不能再客气一点?"

营业员小刘:"冒犯您了,真是对不起。"

男子:"你懂不懂说话礼节?"

营业员小刘:"真对不起,以后我一定注意。"

然后这个男子就被那个女子劝了几句,拉进了卖场。

营业员小刘:"呵呵,这位帅气的大哥,实在抱歉,刚才是我的错。嗯,欢迎帅哥美女来到大卖场,我是这里的营业员小刘,在这里工作了三年了,因此对这个大卖场的产品非常熟悉,二位有什么疑问,我立刻帮你们解答,请问二位需要什么产品?"

男子:"嗯!看你说话挺和气,我带我女友来买一台冰箱,这样她买的很多新鲜水果就能放在冰箱里了……"

【案例剖析】

很多时候，在商场里因为鸡毛蒜皮的事情而引起很大误会甚至打斗是有可能的。但这些事情往往是因为营业员意气用事，不肯让步造成的。正所谓"生意不在人情在"，营业员要始终记清自己引导消费的职责。场景中的小刘处理事情比较稳当，没有出现什么冲突，而且"厚着脸皮"将顾客从无关的事情中引向商品销售，体现出小刘是一位很成熟、很专业的营业员。

【老板建议】

在这个社会中，每一个人都有压力，因此在心情不好或者情绪低落的时候，总会有一些顾客会拿营业员当出气筒。作为一名营业员确实很不容易，但你必须时刻准备应对这种情况，更不可意气用事与顾客顶撞，你要明白你的唯一使命就是顺利地把产品卖出去。

态度不好甚至是吹毛求疵的顾客一般疑心很重，一向不信任营业员，片面地认为营业员只会夸张地介绍产品的优点，而尽可能地掩饰缺点，如果相信营业员的甜言蜜语，可能会上当受骗。

必须承认，吹毛求疵的顾客的确存在，而态度不好的顾客则比比皆是。世界上没有任何事值得他满意，而你的服务总是被抱怨成"糟糕的服务"，而且，他们往往痛恨导购员。那么你应该如何应对这样的顾客呢？

与这类顾客打交道，导购员要采取迂回战术，先与他交锋几个回合，但必须适可而止，最后故意宣布"投降"，假装战败而退下阵来，宣称对方有高见，等其吹毛求疵和生气的话说完之后，再转入销售的话题。

编者小评

作为一名优秀的导购员要做到恭维忍让，沉住气，记清自己的唯一目的是成功销售产品，不可意气用事，通过迂回战术，逐渐转入销售话题。

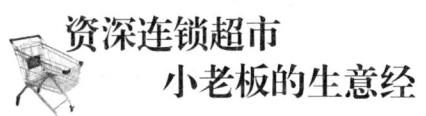

资深连锁超市
小老板的生意经

对优柔寡断的顾客要真诚地慢慢磨

【场景导入】

在一家超市的电脑专卖区,进来一位张姓顾客,销售人员小芳看到顾客进门,赶紧走过去介绍一款品牌笔记本电脑,言辞急切,劝说张先生尽快购买。张先生虽然点头称是,并微笑地面对小芳的介绍,但是却并没有购买的意思。

这时,另一名销售人员赵刚经过对他的观察发现张先生是一个比较随和的人,但是却缺乏主见,拿不定主意。而小芳急于推销,显然已经有些让顾客不舒服,激起了张先生的逆反心理,对小芳表示出不信任,所以即使她再苦口婆心地劝说,张先生也是不会购买的。

于是赵刚走上前来,礼貌、温和地说:"张先生,既然您暂时决定不了,不如我带您看看其他品牌的电脑,您可以对比一下,想好之后再做决定。"

张先生很高兴地同意了。赵刚耐心地带他看了七、八款笔记本电脑,并认真地介绍各款产品的特点。在他选出两种之后,又帮他做了详细的比较分析,最终张先生拿定了主意。鉴于赵刚专业周到的服务,张先生表示对他很信任,在这次购买家电之后,又曾多次光顾。

【案例剖析】

这位张姓顾客是一位优柔寡断的随和型顾客,但是销售人员小芳没有好好把握张先生的性格特点,而是一味地介绍产品并催促张先生购买产品,激起了张先生的逆反心理。而销售人员赵刚就显得比较老到,他熟知优柔寡断型顾客的心理特点,采用真诚、软磨硬泡的方式促成了这笔交易。

第二章
场面要面面俱到

【老板建议】

在生活中，你最喜欢与什么样的人交往？作为销售人员，你最喜欢与什么类型的顾客打交道？在这两个问题的回答中，随和型顾客占了大多数，但作为销售人员，你真的了解随和型顾客的特点吗？

做决定向来是很困难的一件事情，尤其是对于随和型的顾客，随和型顾客的最大表现就是优柔寡断。随和型的顾客常表现为：需要花很长时间做决策，害怕与销售人员争辩，很难拒绝销售人员的热情，个性中期望与所有的人和谐相处。性格温顺，与世无争，往往给人一种懒阳阳、没有个性、慢条斯理、满不在乎的感觉，渴望人人都能够和平相处，被别人评价为优柔寡断。随和型的顾客是和平型人物，他们从不轻易发脾气，一旦发起脾气来很大、很暴躁。而且他们很在乎销售人员对他讲话的语气。如果销售人员以命令的语气和他讲话，他会很逆反。

随和型的顾客性格温和、态度友善，面对向他介绍或者推销产品的销售人员时，他们往往会比较配合，不会让人难堪。即使产品他们并不需要或并不能达到他们的要求，他们也会耐心地等待销售人员介绍完。因为他们喜欢规避冲突和不愉快。

对于随和型的顾客，狂轰滥炸起不了作用，反而容易引起这类顾客的反感。因为，随和型的顾客虽然害怕受到压力，但是却不喜欢受到别人的强迫。说服这类顾客最好的办法就是消除顾客的疑虑，用真诚来给顾客制造压力，攻破顾客的心理防线，使顾客没有拒绝的理由，最终水到渠成地促成交易。

场景中的销售人员赵刚就是摸清楚了顾客的心理，并顺着顾客的特征，对其做了积极引导，最终促成了交易，并在今后依然得到顾客的信任。随和型的顾客表面上看似温和、性子慢、有耐心，但是其内心也是十分固执的，销售人员小芳急于把商品推销给他，软磨硬泡，使劲儿将产品往顾客怀里推，会让顾客非常不舒服并且产生怀疑，销售人员越热情，顾客越拒绝。虽然随和型顾客不会大发脾气，夺门而走，却会坚持拒绝到底。

在规避冲突的同时，随和型顾客也回避着压力，他们不喜欢被施加压力的感觉，对压力本能的排斥，甚至恐惧。随和型的顾客最大的缺点就是

资深连锁超市小老板的生意经

做事缺乏主见,比较消极被动,在购买时总是犹豫不决,很难做出决定。而此时销售人员如果能够适当给其施加压力,就会迫使他们做出选择。销售人员能够利用这一点,适当地给顾客施加一点压力,就会很快促进交易的成功。当然一定要注意施加压力的方式和尺度,比如销售人员可以用专业自信的言谈给顾客积极诚恳的建议,并多使用肯定性的语言加以鼓励,促使顾客尽快做出决定,照顾到顾客的心理,让其感觉到你在为他着想,才会缩短与顾客的距离。

编者小评

> 优柔寡断的顾客往往逃避自己的需要,他们不愿做出决定和承诺。但令人矛盾的是,优柔寡断的顾客是所有顾客类型中最顽固的一类。销售人员要以真诚突破他的心理防线,消除其内心疑虑,销售最终会水到渠成。

按事先设计好的问题积极发问

【场景导入】

小吴是一名超市家电区的导购员,有一天一对夫妇来到家电区打算看看电冰箱,小吴以亲切的态度作了适当说明后,发现这对夫妇似乎有购买意向,于是她便抓住时机发动热情攻势。

"先生家里有几口人?"丈夫回答说有5口人。

小吴又转过身来问太太:"太太是隔日买菜呢,还是每天都上市场买?"这位太太笑而不答,但小吴并没有放弃,继续热情地为这位太太

第二章 场面要面面俱到

做了个"选择答案"。

"听说有人一星期买一次,有人三天买一次,他们认为三天买一次,菜色不会有变化。太太您喜欢哪一种买法呢?"

太太终于回答说:"我想三天买一次更好些。"

"家里常来客人吗?"

"有时候。"

"在冰箱里储存些食品,既可以保鲜,又可以应付突来的客人啊。"

这时丈夫蹲下来查看冰箱的下方放啤酒的地方,估算着可以放多少瓶啤酒。小吴马上说:"先生,听说爱喝啤酒的人是这样的,一次买上一打。这样的天气,每天晚上下班回家享受一瓶冰镇啤酒,嘿,男人们的福气可真好哦!"

小吴又问太太:"太太,您看这个可以容纳三天的鱼肉蔬菜吗?"

"可以,可以,刚刚好。"

"你看这个小点的够不够?"

"不行吧。"

"太太,您打算把冰箱放在什么地方?是客厅里还是厨房里?"

"厨房太小了,没有空间。"

"是啊!我也这么想。"

小吴又继续为这对夫妇勾勒一幅动人美景:"夏天的冰镇啤酒、西瓜、汽水、软包装饮料,解暑可口;就是冬天的冰淇淋也别有一番风味,更不要说随时取出青嫩的蔬菜和新鲜的鱼肉了。尤其是用上电冰箱可以节约买菜的时间,也可以省下不少的菜钱,还可以从容不迫地招待那些突然登门的客人,真是一举数得啊!"

紧接着,小吴又问:"先生住在哪儿?离这儿远吗?"

"不太远,就在附近。"

"那么是马上送到府上,还是明天一早给您送去好呢?如果今天送去,明天就可以放进很多新鲜蔬菜和鱼肉啦!"

太太:"还是明天吧。我们要先空出地方来。"

就这样,小吴成功地卖出了一台冰箱。

资深连锁超市小老板的生意经

【案例剖析】

开始时小吴只是简单介绍了一下产品，发现对方有购买意图后，才继续深入。

小吴开始积极发问，善于提问也是一种技能，从家里的人口，到买菜的规律，看似随意却是事先精心设计好的。

当小吴留意到男顾客查看放啤酒的地方时，她马上借题发挥："先生，听说……"在快要结束谈话时，她又发挥了联想能力，为这对夫妇勾勒了一幅美景："夏天的冰镇啤酒……真是一举数得啊！"显然这段话已完全打动了顾客的心。

最后小吴询问顾客的住址，其实她此时的问话并非真想了解这对夫妇离商场的距离，而是把推销引向了一个新的目标阶段——要把货送到顾客家里。果然，她顺理成章地实现了成交。

【老板建议】

在与顾客交谈的过程中，销售人员应该多提一些内容积极、肯定并让顾客增强对产品信心的问题，按照自己事先设计好的问题一步步提问，把顾客的思维始终控制在自己的计划内。当销售人员了解了顾客的需求后，自然就能够为顾客提供符合其需求的产品，让顾客满意，以促使他下决心购买。这个场景中的推销员小吴就是善用此法的高手。

最专业的销售技巧，包括导购技巧，都可以简单地浓缩成一句话，那就是：促使顾客达成交易的关键是满足顾客的欲望，你的产品是什么并不重要，重要的是通过你的产品这个媒介，顾客可以得到某种欲望的满足。

当你与顾客进行行之有效的沟通时，顾客所感受到的不应该是你要卖给他产品，而是能够从你这儿满足自己的需求，譬如带给他温暖、舒适、时尚、年轻、被人高看一等，等等。这就是最关重要的导购技巧。

在推广自己的产品时，潜在的用户往往会出现各种心理变化，如果推销人员不仔细揣摩用户的心理，不拿出"看家功夫"，就很难摸透对方的真正意图。

第二章
场面要面面俱到

如何对不同的用户进行产品推广，看其属于哪种类型的人，就可以对不同类型的用户采取不同的措施，做到"有的放矢"，从而能起到事半功倍的效果。

自命不凡型

这类型人无论对什么产品，总表现出一副很懂的样子，总用一种不以为然的神情对待，这类型人一般经济条件优越，以知识分子居多。

对策：这类人喜欢听恭维的话，你得多多赞美他（她），迎合其自尊心，千万别嘲笑或批评他（她）。

脾气暴躁，唱反调型

脾气暴燥,怀疑一切,耐心特别差,喜欢教训人,常常旁无道理地发脾气,有时喜欢跟你"唱反调"。

对策：面带微笑，博其好感，先承认对方有道理，并多倾听，不要受对方的"威胁"而再"拍马屁"，宜以不卑不亢的言语去感动他（她），博其好感。当对方在你面前自觉有优越感，又了解了产品的好处时，通常会购买。

犹豫不决型

有购买的意思，态度有时热情，有时冷淡，情绪多变，很难预料。

对策：首先要取得对方的信赖，这类型的人在冷静思考时，脑中会出现"否定的意念"，宜采用诱导的方法。

小心谨慎型

这种类型的人有经济实力，在现场有时保持沉默观察，有时有问不完的问题，说话语气或动作都较为缓慢小心，一般在现场呆的时间比较长。

对策：要迎合他（她）的速度，说话尽量慢下来，才能使他（她）感到可信，并且在解说产品的功能时，最好用专家的话或真实的事实，并同时强调产品的安全性和优越性。

贪小便宜型

希望你给他（她）多多的优惠，才想购买，喜欢讨价还价。

对策：多谈产品的独到之处，给他（她）赠产品或开免费检查单，突出售后服务，让他（她）觉得接受这种产品是合算的。以女性多见。

来去匆匆型

检查时匆匆而过，总说他（她）时间有限，这类型人其实最关心质量与价格。

对策：称赞他（她）是一个活的很充实的人，并直接说出产品的好处，要抓重点，不必拐弯抹角，只要他（她）信任你，这种类型人做事通常很爽快。

经济不足型

这种类型的人想购买，但没有多余的钱，找一大堆理由，就是不想买。

对策：只要能够确让他（她）对产品感兴趣或想治疗，又拿不出现钱，要想法刺激他（她）的购买欲望，和同其他人做比较，使其产生不平衡的心理，也可以让他（她）分批购买。

下面是一位优秀的导购应具备的潜力：

1. 自信（我是主角）

自信就是自己相信自己一定行，他要求我们在遇到困难时要相信自己能克服困难，暗自想像我是谁？我是最棒的，我一定能做到，卖货时暗示自己，我们的产品是性价比最好的，我们的企业是行业内唯一的农科院办的企业，有六大院校的科技实力做后盾，我们的团队是最团结协调的，我们的董事长是最有远见的，还有我和我们的售后服务团队时刻关注着你的成长，这么好的事情错过了是客户的损失。

在推销产品之前要把自己给推销出去，对自己要有信心，只有把自己推销给客户了，才能把你的产品推销给客户。时刻记住人心本善，自己的阳光会普照到客户身上，自己的阴暗会让客户提防。做一个正直阳光，开朗向上的人。

2. 真诚（不做小人）

做生意就是做人，也就是交朋友。这里有交短期朋友和长期朋友之别。我们的生意不是卖大型机器那样卖一次用10年，我们的生意是靠回头客来维护我们的业绩的，这个工作性质的本身要求我们要学会交长期朋友。那么如何能交到长期朋友呢？真诚相待，在一定的尺度范围内让对方，将心比心，换位思考。小亏大利，目光长远。

3. 关心（做个有心人）

人人都渴望被关心，被重视，女人是最需要关心的，那么如何能让对方感到被关心呢？这首先要重视对方，要心里有对方，另外要让关心的效果显著，甚至带上浪漫色彩，那就先需要留心。表现为问候（语气最重要，而别误解是词最重要），沟通，诉说。

机会是留给有准备的人，要做好这点要把客户分类纪录，按不同思路和方式去回顾他们，每打一个电话和接一个电话要先调整好心态。把每次拜访客户看成是提高认知的机会。

4. 坚持（下面就是水源）

现在的社会竞争激烈，做任何事情都不容易很快见成就，营销工作也不例外，当我们遇到困难时，要象挖井那样想像下一铲子就挖到水了，要勇敢的挖下去，除非自己决定改行或跳槽。

5. 累败累战（明知前途有艰险，越是艰险越向前，不怕碰壁，永不言败，遇到挫折，以变治变。关键是要败后分析，总结后再战。）

如果你定好了自己的方向，也就是你的事业，在执行过程中，难免会遇到困难，这个时候你只能改变路线，而不能改变目标，你要做的只有如何让下一场战争胜利,而不轻言放弃。

6. 善于总结(在战争中学会战争,大事情谋定而速动,一旦行动,遇到挫折,原则上只改路线不改目标。)

养成早睡早起的习惯,做到睡前总结一天得失,并做好必要的纪录,想好明天计划。起床后第一件事情是在总结以前的前提下,完善下一步的计划,并立刻付出行动。每天周而复始。

7. 要有执行力(军令如山)

领导也是人,他不可能任何地方比你强,但他之所以会成为你的领导,自有他过人之处,只有执行领导的指令,才能局部利益服从整体利益,才能得到领导认可,从而得到领导更多的支持。领导的命令可能不是最好的,但一定不会太差,通常他可以保证前进的方向,而不至于走退步路。这里就要求我们在原则问题上坚决执行领导指令,非原则问题上发挥自己的个性和长处。

8. 定位要准确(你目前的地位想娶章子仪为妻子可能吗?)

对内我们是要在现有条件下,卖出比同事更多的产品,也就是对内良性竞争,在客户那里我们要对自己的产品做个明确的定位,随时知道自己什么产品在什么情况下是进入良机或推广扩大的良机。从细分市场,细分产品和细分客户的角度最大程度让你和你的产品得到客户的认同。注意,不是每个客户都是喜欢便宜的东西,关键是要了解客户性格以及客户买我们产品的用途。

9. 团队精神(浑身是铁能打几棵钉?)

要取得好的业绩,需要各部门的协助,需要各区域的协调,需要直接领导的支持,需要决策者的运筹帷幄,还需要各级主管部门开绿灯,这一切需要良好的合作精神和合作能力。

10. 学无止境(超越他人和自我,唯有不断学习)

百人百样,我们接触人的多样性,为了得到不同的人的支持,我们就需要具备更丰富的知识去得到他人的认可,这一切都来源于学习。当然今天我也希望你们能通过这次讲课学到点滴。

11. 换位思考（如果别人这样对我，我会如何？）

常想想假如我是客户，我会怎么回答或看待自己的说法，如果自己也说服不了自己，如何去说服别人，并不断反思修正。这里就需要想一个问题，客户到底需要什么？年利润等于利润率乘以年销量。你和你的企业在客户心目中的地位和你和你的企业给客户带来的利润成正比。

12. 良好的心态（善于吃亏，善于平衡）

常人什么时候高兴？占别人合理的便宜的时候。做业务，在原则范围以外是要让对方高兴，所以我们要善于和肯于吃亏。最少不要计较吃了点亏。另外生意接触很多类人，近到老婆的责怪，内勤的错误，领导的指责，远到外面无故的诱惑，无理的指责，以及常时间的寂寞，我们都需要良好的心态去调节，只有心态正常了，才有可能进一步发挥，做好下一笔业务。相信大家遇到客户无理的指责是不少的，千万别以为自己犯了什么大错，其实客户也是人，他或许是遇到别的不顺心，正好拿到你发泄，或为了打压你的心态，以便还价或达到别的什么目的，你要做的就是非原则问题不过分反驳，最多点到为止，以听为主，事后他会明白自己的过分而有些微歉意，有利于你下一步达成自己的目的。

向初次打交道的顾客推介产品时，销售人员只有通过积极地提问，从顾客那里了解充分的信息，才能对顾客的实际需求进行准确的把握。

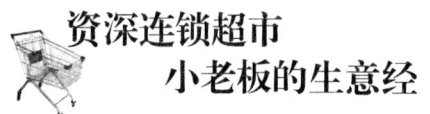
资深连锁超市
小老板的生意经

老人推不动购物车却无人问津

【场景导入】

刘爷爷今年已经八十有余,这个周六,他和老伴准备去超市买一些蔬菜和肉,为从国外探亲回来的儿子一家做好吃的。

刘爷爷老两口选择了离自己家最近的一家超市购物。从进门推上空的购物车,他们就不停地向购物车里放要买的东西。蔬菜、水果、生鲜,还有各种副食、调味品,不一会儿空空的购物车就满了。而在这个时候,刘爷爷他们也感觉到推着购物车前行越来越费劲。

旁边不停地走过超市的工作人员,面对着这两位老人行动艰难的步伐,没有一个工作人员停下来为刘爷爷推车。

最后,购物车里被装满了各种商品,刘爷爷再也推不动了。看到超市里的工作人员走来走去,好像个个都很忙,刘爷爷不好意思打扰他们。于是,便拨通了儿子的电话。刘爷爷的儿子赶到超市,看到自己的父母靠在购物车上,上面装了满满一车东西,一下子来气了。

他看到一名超市管理人员正好走过,便说:"你们这么多员工,走来走去的,我父母都八十多岁了,两位老人推这么多东西,你们就不会给帮下忙吗?"

那名超市负责人听了,也感觉非常抱歉,连声说"对不起"。刘爷爷的儿子接着说:"我们楼下的超市,对老年人购物,都免费送货上门。在你们卖场里,老人家都推不动购物车了,也没人管。这就是差距。以后不来你们这儿购物了。"说完,结完账头也不回地走了。

第二章
场面要面面俱到

【案例剖析】

在上面案例中，刘爷爷两口子在超市里买了很多东西，虽然有购物车，但是两位老人已经八十多岁了，所以推起车来非常费力。但是，过来过往的超市工作却没有注意到这两位老人的"难处"。而刘爷爷又感觉不好打扰"忙碌"的工作人员。所以，最后只能让自己的儿子来推车。

超市是顾客购物的场所，虽然只要商品卖出了，超市就会盈利。但是，为顾客提供人性化的服务，才能留住顾客。让第一次购物的顾客成为"回头购物客"。刘爷爷虽然这一次买了很多东西，但是因为超市员工都"太忙"而没有人帮助刘爷爷。所以，就会让刘爷爷及家人感觉这是一家只顾赚钱、不讲人情的超市。

现在的老年人因为空闲时间很多，逐渐成为超市很重要的顾客群。所以，超市不要对所有的顾客都"一视同仁"。对于各种不同年龄段的顾客，根据他们的特点，提供相应的服务。这样，会让顾客体会到超市的"润物细无声"。在顾客最需要的时候为他们提供力所能及的服务，这会打动顾客，从而留住顾客。

【老板建议】

什么是最优质服务？这是服务业一直都探寻的话题，可能100个营业员会有100个不同的答案，100位顾客也会有100个不同的答案。但无论时代怎样发展，服务业如何变化，真诚与耐心都应该是服务恒久不变的实质。

在现代竞争激烈的商业社会里，由于利益驱使，越来越多的人变得急功近利，我们的服务也常常是如此。其实服务是最人性化的东西，因为它需要与每个活生生感性的人沟通与交流，而无论时代如何发展，社会如何前进，流淌自内心深处最向往的东西都是自然人性的，所以"人性化的服务"才永远是我们追求的主题。

对于我们这个行业来说，老人是我们的主要消费者，如何关心老人，如何让老人进入我们的店铺，这是关系我们企业经营好坏的关键问题。其中沟通是最关键问题。

资深连锁超市小老板的生意经

老年人形体虽然日渐衰败、记忆力减退,但正是他们辛勤的工作,才有我们今日安定的生活。由于他们所受的教育和所处的环境与我们有显著不同,我们不可因他们学历较低或对事物的判断力与价值观与我们的看法有差距,便鄙视他们,甚至对他们的话感到厌烦,反而应该发自内心的敬重。老人年纪大了,受着生理状况的限制,再也不能像年轻人来去自如,加上同辈亲友日渐凋零、社会圈子日益狭小,心理上顿感孤单无助,这时做晚辈应该体谅老人的苦闷,主动亲近他们、问安、陪他们谈话,关心他们的生活,建立良好感情。沟通是一个过程,可使两个人互相了解,透过传达及接收资料信息,给予及接受对方的指示,互相教导,互相学习,是一个双向的过程。沟通不局限于利用语言,还有手势、动作,来表达出事实、感觉和意念。设身处地从老人的角度去看和感受事物,并且正确地传达自己,了解对方,使其觉得被了解和接受,这是给老人最大的支持力量。

与老人沟通的态度

真挚——用坦诚的态度与他们交往,使他们感受到一种真挚的关心。

接纳——老人大部分缺乏安全感,希望得到别人的关怀及接纳,故需以爱心及体谅去接纳他们。

尊重——老人常感无用,容易产生自卑,给予明显尊重、支持,增强其自爱和自尊心,提升其自我形象。

耐心——老人家一般都比较唠叨,一点点事可以说很久,你不要表现出任何的不耐烦,要耐心地去倾听老人的话……

掌握与老人家交谈的技巧

1. **位置**:不要让老人抬起头或远距离跟你说话,那样老人会感觉你高高在上和难以亲近的,应该近距离弯下腰去与老人交谈,老人才会觉得与你平等和觉得你重视他;

2. **用心交流**:你的眼睛要注视对方眼睛,你的视线不要游走不定,让老人觉得你不关注他,同性间可以摸着对方的手交谈;

3. **语言**:说话的速度要相对慢些,语调要适中,还要看老人表情和反应,去判断他们的需要；

　　4. **了解情况**：要了解老人的脾气、喜好，可以事先打听或在日后的相互接触中进一步慢慢了解；

　　5. **话题选择**：要选择老人喜爱的话题，如家乡、亲人、年青时的事、电视节目等，避免提及老人不喜欢的话题，也可以先多说一下自己，让老人信任你后再展开别的话题；

　　6. **真诚的赞赏**：人都渴望自己被肯定，老人家就像小朋友一样，喜欢表扬、夸奖，所以，你要真诚、慷慨地多赞美他，他就高兴，那谈话的气氛就会活跃很多；

　　7. **应变能力**：万一有事谈得不如意或老人情绪有变时，尽量不要劝说，先用手轻拍对方的手或肩膀作安慰，稳定情绪，然后尽快扯开话题；

　　只要真情投入，真心相待，老人们会懂我们、会喜欢我们、会同样爱我们的——只是可能他们表达的方式有所不同而已……"老吾老以及人之老，幼吾幼以及人之幼。"尊老爱幼是我们中华民族千百年来的传统美德，也是一种普遍的社会要求。在日常生活中，我们每个人都有接近他人、避免孤独的倾向，没有人愿意独自一人，与外界不相往来的，与他人的交往、交流是势在必行的。作为耄耋之年的老人家，更不愿意孤独终老，更渴望得到关爱……

　　"年轻人的财富是青春，老年人的财富是智慧。"年轻人做事很有冲劲，但常因设想不周，而功败垂成。就如一部汽车，年轻的有如引擎，具有冲力；老年人有如方向盘，能保持安稳前进，减少危险与差错。为避免受损，我们应主动请教老人，汲取他们的经验，虚心接受指导，将获益良多。

掌握老人服务的特殊性

1. 情感性
用"情"贯穿始终，处处为老人着想，注重情感沟通，以情促销。

良好的顾客服务措施，必须是发自内心的，是诚心诚意的，是心甘情愿的。

销售、服务人员在提供顾客服务时，必须真正地付出感情，没有真感情的顾客服务，就没有顾客被服务时的真感动，没有真感动，多好的顾客服务行为与内容也只能是一种形式，不能带给客户美好的终生难忘的感觉。

2. 适当性

适合老年人，老年人需要。

顾客服务的适当性指的是两方面：一方面是顾客服务内容和形式的适当性，另一方面是指顾客服务量与质上的适度性。

3. 规范性

规范性指的是在向顾客提供服务时，必须尽量为服务人员提供统一、科学、全面、规范、合符情理的服务行为标准。顾客服务的目的在于维持良好的顾客关系，而企业和企业服务人员科学、规范、合理的服务，有利于服务人员提高服务水平，保证诸多顾客服务活动的质量，达成企业顾客服务活动的根本目的。

4. 连续性

而顾客服务的连续性指的是企业在提供顾客服务时，必须保持在时间、对象和内容及质量上的连续性。即：不是今天服务，明天不服务了，这次服务好，下次服务差，这就没有顾客服务时间上的连续性；也不是对这个顾客服务好了，对同等条件的那个顾客却服务差，这就没有了服务对象上的连续性；也不是今天服务多点，明天服务少点，服务内容随意增减变化，这就是没有内容上的连续性；更不是今天服务好，明天服务差，这是没有服务质量上的连续性。

5. 效率性

效率性主要是指提供顾客服务时的速度与及时性。

我们老是说服务服务，顾客是上帝，真正事到临头，想的却是自己，宁愿方便自己，不愿方便顾客，这样的服务，一点也没有体现出服务顾客真正的意义——维护与客户良好的关系，无偿为客户增加价值和利益，因此，下次顾客要跑掉，也就中情中理了。

通过对服务属性和老人沟通的掌握，我想老人就会进入我们的店铺，成为我们忠诚的顾客。

第二章
场面要面面俱到

> 老年人由于闲置在家，所以空余时间很多，超市就成为老年人常去的地方之一，老年人已成为超市的主要客源，所以给老人优质的服务，就是抓住了广大的客源。

打闹的小朋友被酒瓶划了手

【场景导入】

每逢到了酷热的盛夏，饮料和啤酒当仁不让地成为超市里的主力商品，萌萌超市的员工们正忙着为饮品区的货架补货。一排排货架被摆得整整齐齐、满满当当的，就连超市过道拐角处也堆满了各种酒类和饮料。

这时突然听到"哗啦"一声脆响，人们寻声望去，只见一个六七岁样子的小男孩号啕大哭起来。旁边站着一个差不多大的小男孩，用手拽着衣角，低着头一脸茫然做错事的样子。

原来，这两名小男孩的家长在购物，他们就在卖场里打闹。而孩子的家长只顾挑选商品，没有注意到孩子们跑远了。后来，两个孩子跑到堆满酒瓶的区域，其中一名男孩不小心碰倒了堆在拐角的一瓶白酒，酒瓶掉下来时划过一个男孩的手臂，所以，男孩的胳膊被瓶盖划开了一条大口子，血流不止。孩子的家长看到这一切，一边心疼孩子，忙着把孩子送医院，另一方面也抱怨超市布局太不安全，工作人员不太注意，没有及时提醒孩子和家长。

资深连锁超市小老板的生意经

【案例剖析】

上面案例中，导致小顾客受伤的最直接的原因是两个小孩子太淘气，在拥堵的卖场里打闹。而家长又没有注意这一安全隐患。所以，如此看来，超市像是一点儿责任没有。但事实并非如此。因为这一切发生在超市里，超市的工作人员就对这件事负有很大的责任。

家长经常会带着自己的孩子去超市，而家长在超市购物的时候，经常一心选购商品，不太注意孩子的活动。这个时候，就需要超市的工作人员格外注意孩子们的安全。除此之外，还要学会与小孩子们和谐相处。有时，小孩子们和家长进超市，因为无聊有时会又哭又闹，这时，就需要工作人员去安抚他们。这样，小顾客们的家长——超市的真正顾客就会感觉在这样的超市购物非常轻松。

【老板建议】

超市中的顾客中少不了"小顾客"。虽然"小顾客"实际的购物需求并不多。但他们却影响到其他顾客的购物环境。当超市中有"小顾客"时，一定要对他们倍加关爱，这样才会让孩子的家长放心购物。超市工作人员具体可以从以下几点加强对"小顾客"的照料。

（1）当小孩碰到商品和设施时，首先提醒孩子注意，同时让大人听到，使用小孩能听得懂的语言。如提醒无效时应提醒大人（注意使用关心的语气）。

（2）当顾客让超市工作人员帮助照看小孩时，首先告诉顾客超市服务台}的专项照看服务；如果顾客仍坚持让卖场工作人员帮忙照看，要欣然接受，并最好保证顾客可随时找到孩子。

（3）当孩子在卖场摔倒或碰坏玻璃时，要用很关切的语言询问孩子是否1受伤，是否很疼，不可责怪孩子，如孩子哭闹，或者已经受伤，应该让家长E先安抚孩子，并及时为孩子包扎伤口，而后再追究责任。

（4）如小孩乱跑远离家长。工作人员应立即将小孩送至家长身边，并主动提醒家长挑选商品同时照看小孩，以免孩子出现意外。

（5）如小孩将超市卖场中的商品弄脏，超市工作人员有责任及时进行清理。无论小孩故意与否，都不要责怪；若商品出现破损，应及时找孩子的家长协商解决。

编者小评

超市做为一家购物场所，每天接触的顾客形形色色，一些带小孩购物的家长也逐渐成为一大特色，如何保证小孩在购物中安全，将是对超市的一大考验。

顾客的羽绒服在超市内被划破

【场景导入】

郑小姐与同事一起到动物园附近的超市购物时，理货员小侯正在杂货区上货，郑小姐与同事只得侧身经过这排货架。突然，听到一声异响，接着羽绒满天飞舞。郑小姐回头一看，自己身上穿的刚买的3000多元的羽绒服恰好被货架上的铁钩划破，导致羽绒四处飞舞。郑小姐非常气愤，认为超市理货员不应挤占商场通道，超市理货员理应对此负全责，要求经济赔偿2500元，并将羽绒服修好。小侯认为郑小姐是在无理取闹，羽绒服损坏完全是由他自己的不小心所致。

郑小姐无奈之下把到消协去投诉这件事。消协接到投诉后，立即到现场调查，发现货架上层通道旁护网固定钩向外侧延伸，故造成将郑小姐羽绒服划破。而理货员小侯上货时占用了大部分通道，是造成划破郑小姐羽绒服的直接原因。因此，主要责任在超市，郑小姐负部分责任，消协根据羽绒服损坏的程度，判定超市赔偿郑小姐900元。

郑小姐通过消协最终取得了相应的赔偿，但自此之后，他再也不到这家超市购物了。

【情景剖析】

上面案例中，郑小姐在超市购物时，因为理货员上货时挤占了通道，郑小姐在穿过通道时不小心被旁护网固定挂钩划破羽绒服，造成超市与郑小姐之间的纠纷，最后必须通过消协才最终解决问题。

可以说，超市出售的商品属于有形的物质，而服务是无形的商品，服务的好坏，对于超市的兴盛与否有着极密切的关系。从该案例中我们可以看到，超市应该对郑小姐的衣服被划破负主要责任：郑小姐的羽绒服被划破，直接原因是理货员上货占用了顾客购物通道。作为超市而言，并没有认识到自身服务的疏忽，从而给顾客留下不负责任的印象。

在案例中，这家超市不仅仅损失的是900元钱，更损失的是郑小姐这个顾客，甚至损失了郑小姐亲朋之类的潜在顾客。对于超市来说，实在是得不偿失。

【老板建议】

上货应该选择在顾客相对较少的时间点，可根据本超市人流量的特点来决定上货时间。在上货尤其是向高层货架上货时，需要两名员工共同完成。在上货时，如有顾客通行，应该及时提醒顾客，防止碰撞到顾客。

上货时如不小心碰到顾客，对顾客造成一定的伤害或损失时，要及时向顾客道歉，并承担相应的责任。诚恳的态度和负责的精神一般能化干戈为玉帛。倘若与顾客"硬碰硬"，只会对超市的可持续经营造成损害。

一位出色的理货员应具备下列要求

补货工作流程

（1）补货前先对系统的库存数据进行确认；

（2）确定属于缺货时，将暂时缺货标签放置在货架上；

（3）先检查核对一下欲补货陈列架前的价目卡是否和要补上去的商品售价一致；

（4）将货架上原有的商品取下；

（5）清洁货架（这是彻底清洁货架里面的最好时机）；

（6）将准备补充的新货放至货架的后段；

（7）清洁原有商品；

（8）将原商品放于货架的前段。确保在商品保质期内将商品销售出去；

（9）货架补齐后，及时清理通道的垃圾和存货，垃圾送到指定点，存货送回库存区；

（10）补完货要把卡板送回，空纸皮送到指定的清理点。

补货上架应注意的问题

（1）根据商品陈列图表，做好商品陈列定位化工作；

（2）将原有商品取下，清洁货架及原有商品，接着将准备补充的新货放到货架的后段，再将原货放在前段；

（3）整理商品的排面，以呈现商品的丰富感；

（4）冷冻食品和生鲜食品的补充要注意时段投放量的控制等。

理货作业的作业流程

1. 营业前

（1）打扫责任区域的卫生。

（2）检查购物篮、购物车。

（3）检查劳动工具。

（4）查阅交接班记录。

2. 营业中

（1）巡视责任区域内的货架，了解销售动态。

（2）根据销售动态及时做好领货、标价、补货上架、货架整理、保洁等工作。

（3）方便顾客购货，回答顾客询问，接受友善的批评和建议等。

（4）协助其他部门做好销售服务工作，如协助收银、排除设备故障。

（5）注意卖场内顾客的行为，用温和的方式提防或中止顾客的不良行为，以确保卖场内的良好氛围和商品的安全。

3. 营业后

（1）打扫责任区内的卫生。

（2）整理购物篮、购物车。

（3）整理劳动工具。

（4）整理商品单据，填写交接班记录。

理货后检查的内容和标准

（1）商品陈列是否遵守了先进先出的原则。

（2）商品的价格标签是否正面面向顾客。

（3）商品有无被遮住，无法"显而易见"。

（4）商品之背面是否隐藏起来。

（5）商品是否时常保持清洁，货架隔板、隔物板贴有胶带的地方是否弄脏。

（6）商品包装是否整齐，有没有脱落。

（7）有无价格标签脱落或价格不明显的商品，标签是否贴在规定位置。

（8）商品最上层是否太高，上下隔板之间是否间距适中，是否做到了取商品容易，放回也容易。

（9）标价是否明显正确，标签及价格卡售价是否一致。

（10）商品群和商品部门的区分是否正确。

（11）商品是否快过期或接近报警期。

（12）商品是否有破损、异味等不适合销售的状态存在。

（13）同类的不同品种商品是否做到了纵向陈列。

（14）体积庞大的商品是否置于货架之下层。

（15）店内标识牌是否容易识别。

（16）商品是否做到了前进陈列。

（17）商品陈列架上是否有空闲区。

　　超市做为一家自由购物场所，顾客穿梭于各种物品之间是在所难免的，理货员在选择上货、补货时，要做到不在顾客多时上货、补货；如必须补货，一定要注意身旁的顾客，以免造成不必要的麻烦。

收银员莫名其妙的消失

【情景导入】

　　又是一个周末，好友超市迎来了又一个客流的高峰。一位顾客推着满满一车物品，在收银台前排队结账。当商品条码扫描到一半时，收银台前过来了两位商品部门课长。只见这两位领导跟收银员说了几句什么，收银员立即放下了手中扫描了一半的商品，跟那两个员工离开了收银台。

　　这位顾客没有说什么，耐心地等着。5分钟过去了，这位收银员还没有回来，顾客还是耐心地等着。10分钟过去了，依然没有回来，顾客

资深连锁超市小老板的生意经

与后面的人无奈地交换着表情。15分钟过去了，顾客不停地看手表，脸上露出不耐烦的表情。20分钟过去了，顾客实在忍无可忍发了火："人死哪去了，能不能把我的东西算完。"

又等了5分钟，这位收银员才回到收银台继续工作。自始至终，没有人对这名顾客说一句"对不起"，当收银结束后，顾客很不满意地离开了。

【案例剖析】

在人流高峰时期，排队结账是很正常的事。我们经常可以碰到这样的现象：一瓶洗面奶、一盒护肤霜，这些小东西，不用1分钟就能选好，但在收银台前排队结账却要苦等半个小时。

尤其是节假日期间，收银台前往往挤满了等候结账的顾客。可有的收银员素质不高，明明有很多顾客在排队，却熟视无睹，和旁边的同事或跟熟悉的顾客聊天，速度很慢，排在长队后面的顾客等得心浮气躁。甚至有如同上述情景中的收银员一样丢下顾客，自己去干其他的事，这只会让顾客更加恼火。

对于超市在节假日出现的结账排队，大多消费者表现的是无可奈何，只能等和排。但作为超市的收银员来说，应该尽力提升自己的业务水平，尽力减少顾客排队等候的时间。这样才能为顾客创造一个舒心的购物环境。

【老板建议】

顾客结账过程中，为了确保结算的准确及高效，任何人不得随意打扰收银员的正常工作，特别是在购物高峰期时。作为收银员来说，不得在为顾客结算到一半时，转手去做其他的事情，应该确保收银工作的万无一失。即使有意外紧急事情处理，也应事先跟顾客打好招呼并取得顾客同意后才可进行，时间也不能超过3分钟，处理完事情，必须向顾客道歉。

其实，只要收银员简单地与后面的顾客打声招呼，大家一般都会表示理解的。关键是要说清楚，要尊重后面顾客的知情权。

下面是收银操作须注意事项

第二章 场面要面面俱到

由于顾客要求的多样性和复杂性，难免会有不能满足顾客要求的情况出现，使顾璃产生抱怨。而这种抱怨，又常常会在付账时对收银员发出。因此，收银员还应掌握一些应对的技巧：

（1）暂时离开收银台时应说："抱歉，请您稍等一下"

（2）重新回到收银台时应说："真对不起，让您久等了！"

（3）自己疏忽或没有解决办法时应说："真抱歉：……"，"对不起：……"，，

（4）提供意见让顾客决定时应说："若是您喜欢的话，请您……"

（5）希望顾客接受自己的意见时应说："实在是很抱歉，请问您……"，，

（6）当提出几种意见供顾客参考时应说："您的意思怎么样呢？"，，

（7）遇到顾客抱怨时，应仔细聆听顾客的意见并予1:21E录，如果问题严重，不要立即下结论，而应请主管出面向顾客解释。其用语应为："我明白您的意思，我会将您的建议汇报给店长并尽快改善。"

（8）当顾客买不到商品时，应向顾客致歉，并给予建议。其用语为："对不起！现在正好缺货。让您白跑一趟。您要不要先买别的牌子试一试？""请您留下您的电话和姓名，等新货到时我们马上通知您。"

（9）不知如何回答顾客询问时，决不能说"不知道"，而应回答："对不起，请您等一下，我会请主管、店长来为您解答。"

（10）顾客询问商品是否新鲜时，应以肯定、确认的语气告诉顾客："一定新鲜。如果您买回去不满意，欢迎您拿来退钱或换货。"

（11）顾客要求包装礼品时，应微笑着告诉顾客："请您先在收银台结账，再麻烦您到前面的服务总台（同时应打手势，手心朝上），会有专人为您服务。"

（12）当顾客询问特价商品时，应先口述2种特价商品，同时应出示DM宣传快讯给顾客看，并告诉顾客："这里有详细的内容介绍，请您慢慢参考选购。"

（13）在店门口遇到购买了本店商品的顾客时应说："谢谢您，欢迎再次光临："（面对顾客点头示意）

（14）收银空闲遇有顾客不知要到何处结账时应说："欢迎光临！请您到这里结账好吗？"（以手指向收银台，并轻轻点头示意）

资深连锁超市小老板的生意经

（15）有多位顾客等待结账，而最后一位表示只买一样东西，有急事待办时，收银员应对第一位顾客说："对不起，能不能先让这位只买一件商品的先生（小姐）先结账？他好像很着急。"当第一位顾客答应时，应对他说声"谢谢"。当第一位顾客不答应时，应对提出要求的顾客说："很抱歉，大家好像都很急。"

编者小评

收银台作为出入超市的最后一道屏障，对超市的正常运营起着至关重要的作用。而收银员则掌握着收银台这最后的保障，她的一举一动决定着顾客是否能迅速从超市走出去，所以收银员要有良好的职业素质。

第三章 结账最后的屏障

资深连锁超市小老板的生意经

回家后发现牙膏没了

【情景导入】

周末，苏小姐去自己所住小区附近一家超市购物。她买了一周要用的东西，把推车塞的满满的。来到收银台，她结完账，又要了一个购物袋，超市里的收银员把苏小姐购买的东西一股脑都放到了购物袋里，然后说："来，后面的，还有没结账的吗？"

苏小姐拎起购物袋就离开了超市。回到家中，苏小姐把在超市购买的东西都拿出来。最后却发现少了一管牙膏。苏小姐仔细回想了一下，然后又看了一下购物小票，她的确是买了一管牙膏。但为什么购物袋里里却没有呢？思来想去，苏小姐确定是超市收银员在往购物袋中放东西时漏掉了。

于是苏小姐来又到超市，找到那名收银员，气愤地说："我明明买了牙膏，为什么我的购物袋里没有？"收银员一脸茫然地说："您再找找，看是不是你自己不小弄掉了啊。"

苏小姐一听这话，更生气了，说道："你这是什么态度啊。我的袋子又没有漏，我往哪里掉啊？"

这时，超市负责人黄经理听到这边的争吵，忙走了过来。问明情况，一边安抚苏小姐，一边让收银员仔细查找。但找来找去，还是没有找到苏小姐的那块牙膏。于是，黄经理说："这位小姐，您看您是不是再回家仔细找一下。可能是您忘记了，或者拿别的商品把它一起拿出来也说不定。"

苏小姐听了，气愤地说："算了。明明是你们收银员给我漏装了。

现在还怪我。只能认倒霉了！"说完，便离开了超市，决定以后再也不来这家超市购物了。

【案例剖析】

上面案例中，苏小姐的购物袋里少了一管牙膏，而购物小票上却有牙膏。而苏小姐又确信是收银员给自己漏装了商品。在这种情况下，回去找超市解决问题。而超市的负责人和收银员在收银台上没有找到牙膏，就认为不是自己的错，是顾客无理取闹。这样一来，顾客本来的怨气没处发泄，决定再也不来这家超市购物了。

遇到这种情况，收银人员应该仔细回想，是不是误把顾客遗漏的商品装入了其他顾客的袋中。超市负责人员当遇到这种情况下，也不要一味地推卸责任。一管牙膏对于超市来说不是什么大成本，而却可以换回超市的声誉。正确的处理办法，应该是在详细听完顾客的叙述之后，赔偿顾客所遗漏的商品。这样，对于顾客来说，就没有白来一趟，对于超市来说，也及时地为自己挽回了声誉。

【老板建议】

漏装顾客的商品不仅会给超市的声誉带来不利影响，还会对超市带来损失。所以，与其事情发生后弥补，不如超市加强对收银人员的培训，细心操作，对工作负责，避免"漏装"商品事件的发生。

对于这些基本问题，超市应该特别重视，因为这虽然是小事，却关系到超市在顾客心中的形象，每位超市员工在工作时，都要全心全意，将工作视为自己的天职。只要有了这种工作态度，就不会出现因疏忽大意而发现"漏装"类似的事了。这样不仅可以避免超市的损失，而且会为超市塑造良好的形象。

收银员装袋要注意

将结算好的商品替顾客装入袋中是收银工作的一个环节，不要以为该项工作是最容易不过的，该项工作做得不好，往往会而使顾客扫兴而归。连锁超级市场、便利店装袋作业的控制程序是：

（1）根据顾客购买量选择合适尺寸的购物袋。

（2）不同性质的商品必须分开入袋，例如：生鲜与干货类，食品与化学用品，以及生食与熟食。

（3）掌握正确装袋顺序：

①硬与重的商品垫底装袋；

②正方形或长方形的商品装入包装袋的两侧，作为支架；

③瓶装或罐装的商品放在中间，以免受外在压力破损；

④易碎品或较轻的商品置于袋中的上方。

（4）冷冻品、豆制品等容易出水的商品和鱼、肉、菜等容易流出汁液的商品，或是味道较为强烈的食品，应先用其他包装袋包装妥当后再放入大的购物袋中，或经顾客同意不放入大购物袋中。

（5）确定附有盖子的物品都已经拴紧。

（6）装入袋中的商品不能高过袋口，以免顾客提拿不方便，一个袋中装不下的商品可放入另一个袋中。

（7）确定连锁企业的传单宣传品及赠品已放入顾客的购物袋中。

（8）入袋时应将不同客人的商品分别清楚，要绝对避免不是一个顾客的商品放入同一个袋中的现象。

（9）对包装袋装不下的体积过大的商品，要另外用绳子捆好，以方便顾客提拿。

（10）提醒顾客带走所有包装入袋的商品，防止其遗忘商品在收银台上的情况发生。

编者小评

超市收银员的工作不是单单的扫描商品、结帐、对顾客所购商品是否已全部装进购物袋，要认真对待每一件商品，以防漏装。

第三章
结账最后的屏障

手持会员卡却成了非会员

【场景导入】

在午休的时候,王小姐去了公司旁边的超市买一些日常用品。选购完商品来到收银台结账。突然王小姐大声喊:"这是怎么搞的?我的会员卡怎么就不能用了呢?以前买什么都可以打折,现在为什么不能打折?你们这不是骗人吗!我男朋友就在报社工作,我非向他反映一下。"

虽然王小姐说得很气愤,但在场的收银员忙着收银,也没有理会她。王小姐见没人搭理她,又继续大声喊:"你看,这是我以前花300元钱办的会员卡,以前买什么都打折,现在买什么都不打折,这到底是怎么回事啊?你们得给我一个明确的答复。"

她的喊叫让周围的顾客纷纷驻足探望,投来好奇的目光。看到这种情况,在旁边的一位工作人员拿过王小姐手中的卡看了看,对顾客说:"您好,您的这张卡我也不太清楚究竟是什么原因。您看这样好不好,您给我留个电话号码,我把事情弄清楚后,给您去个电话,您看这样行吗?"听她这么说,王小姐还是很不高兴,不过总算不再大声嚷嚷了,边嘀咕边无奈地离开了超市。

当天晚上经了解,王小姐所持优惠卡为该超市开业之初所办。在超市内办的卡有很多种,有些卡已经停办了,王小姐办的卡是在该超市最初开业时办理的,该卡应享受的优惠现在已过期了。

【情景剖析】

上面案例中,导致王小姐的会员卡不能使用的原因是会员卡到期了。而超市工作人员的处理方式不当,给王小姐留下非常不好的印象。

资深连锁超市小老板的生意经

当出现上述情况时,工作人员应该马上向顾客解释,避免由于顾客争吵而在卖场内引发不了解实情的顾客的不满,给企业形象带来不良影响。

工作人员如果当时不清楚此事,无法给顾客明确的解释与答复,应该及时通知当天的值班经理给顾客答复,而不是让顾客回家等电话,等电话只是暂时缓解了顾客的情绪,但顾客的不满依然存在。

因此,顾客与超市是一种多对一的关系,超市不能由于顾客多就忽视每位顾客事情的重要性。只有把每位顾客的事都当成超市的事,才能以满意的方式让顾客获得满意的答案。

【老板建议】

会员卡销售是零售商以某项利益或服务为主题将消费者组成一个团体,通过发放带有特定标识的卡片来开展宣传、销售、促销等营销活动,团体内成员凭会员卡可以享受服务与优待。会员卡是企业进行客户关系管理的重要方式,可以帮助企业与客户建立较好的联系,缩短了商家与消费者之间的信息沟通渠道,直接与目标顾客进行一对一的交流,从而把顾客牢牢地团结在自己身边,免受竞争者的侵扰。

因此,超市必须牢固树立以会员为中心的零售观念。零售观念是零售商组织开展零售经营活动的指导思想,它表现了零售活动的出发点,是实现零售活动目的的纲领。零售店要对会员产生吸引力,就必须树立以会员为中心的零售观念。而会员卡能否拢住消费者的心,关键是看消费者能否从会员卡消费中真正利益。

编者小评

每一家连锁超市为了吸引顾客都会推行会员卡制度,顾客办理会员卡可以享受一定的优惠,但是会员卡也有一定的消费期限,到期就不能使用,或者更换卡片,超市因根据会员卡的期限,对顾客采取通知,以免造成不必要的误会。

第三章
结账最后的屏障

顾客抱怨排队结账时间太长

【场景导入】

华强超市的黄老板最近一直对一件事想不明白。他经常去其他超市，也经常对比其他超市的价格。结果发现自己超市的商品无论是从布局还是价格都胜过其他超市。但来他超市购物的顾客却和其他超市一样。

这天，在卖场里查看工作的黄老板发现了其中的原因。因为是周末，卖场里的人很多。黄老板正好走到收银台，便看到顾客们脸上露出不耐烦的表情，许多顾客还发出牢骚。

"这么多人就这么几个收银台，这得排到什么时候啊？"

"就是，不知道他们这儿收银员怎么就那么不会处理事，有点儿事就跑去问负责人。一去就是半天，让我们在这里苦苦等。"

一位年轻人说："是啊。我就买瓶水，也要在这里排长队。难道他们就不能和其他超市一样也设计一个5件以下的购物结账口吗？"

大家议论纷纷，好多顾客都表示选购东西没花多少时间，时间都耽误到结账上了，下次还是去结账速度快的超市吧。黄老板听了，一下子明白过来了。

【案例剖析】

收银速度慢是很多顾客在超市购物时都深有感触的事情。花半小时选购了要买的所有商品。来到收银台，看到长得拐弯的长队，不由得有一种无奈的表情。不买不行，要买就要耐心地等至少半小时的收银排队。很多顾客因此宁可在小区周围的小卖铺买东西，也不想在便宜的超市里因等待结款而浪费自己宝贵的时间。这也正是黄老板超市人气不旺的最主要的原因。

资深连锁超市小老板的生意经

现在的生活节奏加快，人们的生活都安排得满满的，这一小时就要完成这一小时的事，下一小时就有下一小时的事等着去做，"时间就是一切"。对于生活在这样社会中的现代人来说，超市本来应该是一种节约购物时间的购物场所。如果因为收银服务不到位，导致结账时间过长，人们当然不会只看一点点便宜就浪费大量的时间。

所以一家成功的超市，他的诀窍就是绝不能忽略收银速度。

【老板建议】

从上述案例，我们可以看出收银是一家超市的重要环节，它影响着超市的客户数量，把好收银关就是握住超市的钱袋子。对此老板建议：

从超市内部充实收银队伍

超市中的行政人员工作相对比较清闲，业余时间多。所以，超市可以在业余时间由收银主管对行政人员进行专业培训。这样一方面丰富了行政人员的工作技能，加强了相互之间的交流沟通与协作，另一方面也等于储备了一批后备收银员，在遇到超市营业的高峰期，可以作为机动收银员，减轻收银员工作压力，也可以作为前台巡场人员，解决现场问题。这样可以节约超市专门雇用兼职收银员带来的成本。

一切围着收银转

收银前台与营运后台的协作沟通，也有利于提高收银员的收银速度。如水果组的一些大个水果、菠萝、西瓜等的条码纸粘贴要保持横向，以便加快收银扫描速度。冷冻类商品的条码粘贴的时候注意防止受潮。肉类商品的条码要注意防止油污。非食品部分商品的软、硬标签安装要及时与收银台沟通。

要全面提升收银速度，一些细节也不能忽略，如果能很好地掌握这些细节，亦能提高收银速度。

第三章
结账最后的屏障

细节一：准备工作要充分。机台内部要准备充足的各种型号的购物袋及打印纸卷。

细节二：主动招呼顾客。当自己收银台无顾客，而其他的收银台排长队时，应该礼貌地对顾客说："您好，请到这边来结账。"这样，可以起到分流的作用。

细节三：常用条码制册。对于一些经常要手工输入的条码，可以将条码统一粘贴在塑料袋上，节约条码输入时间。

> 收银台是超市最后的一道"门"，所以这里就成为顾客的集中地。尤其是节假日，排队结帐的顾客就像一条长龙围着收银台，这时就是考验收银员的速度的时候。

小票上飞来的商品

【场景导入】

小惠是一个大大咧咧的姑娘，平常买东西不太喜欢再查阅小票，她一向认为不可能出错。有一天她在经常购物的华丽超市买完东西回到家。感觉今天买的东西好像贵了，于是便拿出购物小票来核对价格。忽然，小惠发现她的小票上多录入了两件她并没有购买的商品，一件是一盒德芙巧克力，一件是一盒避孕套。这两件是从哪儿来的？带着这样的疑问，小惠又一次来到了华丽超市。找到收银的那名服务员，生气地说："你们这儿简直是诈骗！无缘无故在我小票里多出两件商品。如果不对这件事做出合理解释，我就投诉到消协。"

收银员一边看了看小惠，一边漫不经心地说："请您仔细核实。说不定您有什么想法，我们也不知道。"

这一下，小惠更着急了，大嚷着叫超市负责人来。不一会儿，一位穿白衬衫的员工走来，听了小惠的叙述，说："这位小姐，这次就算了。事实什么样谁也不知道，下次，您最好在离开超市前就核实小票。"

小惠听了立刻火冒三丈，大声说："你的意思是我诬陷超市了！这时已经聚集了很多顾客。超市负责人没好气地说："我的意思是给您退钱。您怎么听不明白呢？"

就这样，虽然华丽超市把多出的两件商品的钱退给了小惠，她还是下决心以后不再光顾这家超市了。

【案例剖析】

上述超市中的收银员发生案例中这种错误，说明收银员不是基本功不扎实就是责任心不强。超市管理人员应针对员工不同情况加以处理，如果是责任心应加强态度培训，如果是基本功不扎实则应加速专业技能培训，尽量减少差错

案例中，本来是超市收银员工作失误，超市负责人非但没有像小惠赔礼道歉，还责备她没有第一时间检查购物小票。这样，就算最后对顾客进行了金钱上的赔偿，也不会改变顾客对超市的不满看法，从而导致固定顾客的流失。

【老板建议】

有经验的超市主管在发现购物小票多打商品事件后，他在收银人员核实情况之后第一时间是向顾客道歉，然后引导顾客离开卖场来到自己的办公室。这样不仅可以更好地安定顾客的情绪，还不会对其他顾客的正常购物造成影响。

而且，还要做的是不仅是对顾客进行安抚，赔礼道歉，应利用超市的活动，免费送给顾客赠品作为补偿。这样，不仅让顾客"不生气"了，还

第三章
结账最后的屏障

把顾客"逗开心"了。顾客下次肯定还会继续光顾。

所以,在由于收银员操作失误造成顾客不满意的事件发生时,超市首先应该核实事实。如果情况属实,就要从超市出发,向顾客赔礼道歉,并寻求补偿办法。不要像上述案例中的负责人一样,总是埋怨顾客的不是。这样,只会让顾客怨气越来越大,最后不会再来购物。

编者小评

在超市购物时,由于付款人数较多,收银员容易将付款货物搞混,所以在付款时,一定要检查清楚小票上的物品是否是自己购买的物品,付款金额是否正确,如果出现任何错误,应立即向收银员提出,要求给予解决。

一件没有标签的赠品引发的闹剧

【场景导入】

2001年春节前一天,某购物广场人山人海,所有收银台前排起了长队(每个收银台也都安排了公司工作人员协助收银员为顾客装袋。)在36号收银台,一对夫妇排队等了好长时间,最后总算轮到他们了,便推着满满一购物车的商品来到收银台前买单。就在收银员为这位顾客服务的时候,站在收银台出口的防损员走过来告诉正在收银员旁边帮忙装袋的同事:"请提醒收银员询问顾客是否还有需要买单的商品。",因为防损员刚才看到顾客购物车里有一瓶红酒没有拿出来。装袋的同事

资深连锁超市小老板的生意经

听到后就把防损员的话传给了收银员，收银员在输完柜台上所有的商品后，伸头看了一下顾客的购物车，问到："请问，还有其他商品吗？"这时那位女士马上把那瓶红酒放到收银台上并大声说："这是赠品，怎么了？你们把刚才那位防损员叫过来，还说我们是小偷？你们这是什么商场？"同时嘴里还骂骂咧咧的，她的爱人也在一边不停附和。收银员马上向她们解释说："我们没有任何人说您是小偷，只是所有的赠品我们都要核对一下，并且要通过收银台消磁，否则在出收银台时，防盗门铃就会响，会给您带来不必要的麻烦，请您理解。"装袋的同事也向顾客解释道歉。但是顾客根本不理会，坚持说刚才那位防损员说她是小偷，一定要说清楚。

接着，她又说："你们俩挺好的，就是那个防损员说的，如果你们不把那个防损员叫过来。我们今天就不买单，别人也别想在这买单！"这时真巧那位防损员换了岗不在，于是工作人员就叫来了另外一位防损员。顾客把她的经历告诉了这位防损员，防损员也表示理解，但随后顾客还是坚持要找到刚才那位防损员，并口口声声嚷着要见经理，并要这位防损员去找刚才的防损员。

这时那位男士又说到："你们赶快把你们经理找来，否则我把这瓶红酒砸在这里，谁也别想在这里买单！"这时工作人员边道歉边又耐心解释："请您不要生气，我们的同事已经去找经理和那位防损员了。大过年的，大家都不要动气，有问题我们一定会解决好的。"

（在这期间，其他同事也查清楚了，这瓶没有任何标志的红酒，的确是赠品，不知是什么原因，赠品的标志没有了）。

由于排队的人很多，这两位顾客又一直堵在那里不让买单，后面的顾客开始不耐烦了，收银员请大家去邻台买单，他们都不愿意去，装袋的工作人员不断地向那位顾客道歉也无济于事。这时，在后边等候的顾客已经十分不耐烦了，纷纷议论起来，一位年青小伙子大声冲收银员喊："那瓶红酒到底多少钱？算在我的商品里，让他们快走！我们还要回家过年呢"，还有一位说："人家工作人员都道歉解释了半天，他们还纠缠不休，太不像话了！"另外一位老板模样的顾客又向收银员说："不就一瓶酒吗，我来买单，算我送他们的礼物吧，不能让大伙都等在这儿吧！"，后面的顾客听到后也都大声吵嚷起来。

这时这位女顾客觉很不好意思，赶快找台阶下，便突然冲着收银员喊到："你们这儿的人工作效率怎么这么慢啊？让你们去查一下到底是不是赠品，花这么长时间都没有搞清楚，让人等这么长时间，不是赠品我们买单不就完了吗？真是慢！"收银员看顾客态度发生了改变，便立刻对顾客说："这瓶红酒是赠品，只不过赠品的标识不见了，所以耽误了您的时间，请您原谅。"顾客就势马上买了单，什么也没有说就离开了收银台。

【案例剖析】

酒瓶上的"赠品"标签不翼而飞，由它导致了长达数十分钟不能正常结账。如果排除"赠品"标签是顾客不小心蹭掉的可能，那么贴"赠品"标签的工作人员的确在这个问题上应负主要责任。

节假日是超市最忙的时候，这个时候工作人员由于工作量大，往往放松对自己工作的要求。因此，节假日也是最易引发矛盾争执的时候。鉴于这中情况，每个工作人员在节假日都应该对工作更加认真对待。每个人都细心对待每一个工作环节，所有的工作都可以有序进行，那样就可以提高整个超市的工作效率。

特别是卖场中的防损人员和导购人员，对于商品一定要认真检查。保证顾客放到购物篮里的商品都是完好无损的，并贴好价格签或者赠品签。不要等到顾客到了收银台，才发现商品是残损的，没有标签。这样不仅会给卖场中的工作带来不便，对收银工作也会造成很大的影响。

【老板建议】

赠送赠品是超市很常见的一种促销方式。如果处理不好，就会给结账工作带来很大的麻烦。所以，超市经营中一定要注意加强对赠品的管理，

资深连锁超市小老板的生意经

最主要的就是要做到将赠品与销售品区别开来。粘贴赠品标签一定要细心，保证每一件赠品上都有"赠品"的标识。而且，收银人员在上岗之前，最好也要对卖场中当日的赠品有大体了解。这样收银工作过程中，如果真是遇到像"情景导入"中的那种"赠品"标签脱落的情形，收银员如果对于赠品心里有数，就不会专门去卖场中找导购员核实了。

编者小评

> 赠送赠品是超市为了吸引更多的顾客而推出的一项活动，赠品一般是价格很低的商品，虽然赠品比较便宜，但是也要正确对待，标签要贴好，以防标签掉落，引发争执。

"秀气"的收银员

【场景导入】

在中秋节这天，超市收银台前人潮涌动，大家都在急着排队买完单后回家过节，收银员们也一个个手如飞梭：扫描——收款——点钞——找零，突然，有个收银台前不断传来顾客的争吵声，顾客排的队也特别长，但移动的速度却出奇地慢。走到那位收银员身边仔细观察才发现了问题的"源头"：原来我们这位收银小姐特别"秀气"，慢慢地拿过顾客的商品——慢慢地一个个扫描——再缓缓地取过顾客递过来的钱——轻轻地放入收款箱——然后非常"秀气"的在箱内寻找零钞——再"小心翼翼"地递到顾客手中——再"慢慢地"接过又

第三章
结账最后的屏障

一个商品……，整个过程都在缓慢进行，和动作麻利的伙伴相比，显得非常"斯文"，非常"秀气"，可在一边早已等得不耐烦的顾客实在无心欣赏与留恋这等"秀气"景观，一个个吵嚷起来："你们这位收银员怎么这么慢啊？"，"别的收银台这会功夫早就几个人过去了，这儿却这么慢！""怎么回事啊？等得都急死人了！"……埋怨声不绝入耳。

【案例剖析】

收银作业是商场销售服务管理的一个关键点。收银台是商场商品、现金的"闸门"，商品流出、现金流入都要经过收银台，因而，稍有疏忽就会使经营前功尽弃；收银台是商场的"掌门人"，在短暂的收银结账服务中，集中体现了整个商场的服务形象；收银作业也不只是单纯的结账服务而已，收取了顾客货款，并不代表整个销售行为的结束。收银作业是商场销售的一个重要环节。

上面案例中这位收银员，如此慢慢悠悠的工作，虽然可以将错误率降到最低，但是也看出来这位是一个"新手"，在节假日中，超市派一个"新手"上台。这样严重的影响到顾客急切过节的心里。对超市的信誉也有一定的影响。

【老板建议】

1.现代社会，在各行各业人才竞争激烈的今天，我们常可以听到这样的一句话"我们需要专业化的人才"。的确，在这个时代，随着整个社会成员综合素质的普遍提高，在各行各业中，良好的敬业精神已不单单是我们竞争的优势，而专业的业务知识与精湛的业务能力更能为我们赢得最终的竞争优势，对于服务行业尤是如此。这就要求我们的卖场工作人员熟练地掌握业务技能，提高自己的工作效率与工作质量。

2.熟练掌握与提高我们的业务技能不仅是对每个从业人员最基本的上岗要求，也是保证我们优质服务的必备条件。（许多企业为了提高一线员工的工作质量而常举办一些相关的业务技能现场竞赛），试想：像上述案例中的那位"秀气"的收银小姐，不仅自己工作很吃力，也在卖场工作最繁忙的时候耽误了大家的时间，引来了不必要的麻烦。

3. 收银员上岗前一定要经过专业的岗前技能强化培训，如果业务不熟练可以在营运非高峰期上岗实习，但若遇到营运高潮（如中秋节），为了保证我们的服务质量，管理人员应根据情况灵活调班，避开像上述案例引发的不满。同时加强培训，通过考核上岗，达不到公司用人标准的人员应给予淘汰！

超市在节假日的时候会有很多顾客前来购买假日用品，顾客也都急着回家过节，因此收银台的任务就会加大，作为一个合格的收银员，要根据实际情况，加大收银力度，而不是想平时一样。

让人郁闷的购物卡

【场景导入】

某日，一位姓聂的男顾客来一家超市购物。在收银台买单时遇到了一件不愉快的事：聂先生使用购物卡买单结帐后，收银员告诉聂生："您的卡里还剩5角钱，要么再去挑选等值的商品，要么算了，因为卡要收回（此卡不予充值）"聂先生听后苦笑良久，留下一句伤心话："这样的促销方式真的不好。"然后无奈离去。

原来，商场发行购物卡，对内方便员工，对外服务顾客，有50元、100元、200元及面值较大的几种。聂生使用的为价值100元的便利卡。因为是老顾客，所以每次都没登记，对卡的余额也没在意。没想到，因为信任反而引发不快。0.5元已不算"巨额"零头，找与不找，其实都无所谓。但这种结算方式或称之为促销方法真叫人有些难堪。

据了解，各购物广场对购物卡的要求也不尽相同。有无偿充值的，有余额低于5元收回的（可消费尽），更有甚者，收取充值费。

【案例剖析】

1. 购物卡存在的意义是为了提高效率，更好地服务顾客。那么相应的措施也应当起到这个基本作用。充值也好，收费也罢，远比硬性消费强得多。零售业蓬勃发展的今天，服务因其投入少，见效快，效果好而一举成为竞争首选策略；

2. 方便、快捷、科学的消费方式是现代消费者最受青睐的，为了在同业激烈的市场竞争中取得优势，我们应从任何一个细小环节做起，跟顾客解释相关制度时一定要注意方式方法。

3. 公司制度下发后，各购物广场应100%的执行，既然是连锁店就不能各行其事。

【老板建议】

当下，大众消费已经进入了名符其实的"卡时代"，很多商家都纷纷推出"预付卡"，涉及美容美发、服装百货、健身休闲等各个行业。就在方便消费的同时，问题也接踵而至。昨日，中国质量万里行促进会公布的"2010年消费质量投诉分析"显示，经营者往往与消费者签订"霸王条款"，合约或卡上注明"本卡一经售出，不能退卡"、"遗失不补"、"最终解释权归商家"等。一旦出现纠纷，便以此为由逃避责任。

购物卡消费"四大危机"

中国质量万里行促进会相关负责人表示,每年都会有很多起关于预付卡问题的投诉,各大维权机构也曾发布过多次消费警示,提醒消费者用预付卡消费时要谨慎,但仍不断有人掉入商家的"陷阱"。目前的预付卡消费纠纷中,大致存在四种情况。

经营者携预付款潜逃

一是变数导致的纠纷,大部分消费卡都是预付卡,使用相对比较方便。但预付卡使用年限较长,使用期间经营者的变数较大,经营者携预付款潜逃的事件多发生在此类卡中。

双方不签订办卡协议

二是办卡不正规,部分经营者不与消费者签订办卡协议或不提供正规票据,有时票据填写不规范。一旦发生纠纷,消费者维权举证难。

宣传与实际服务不符

三是广告宣传与实际服务不符,经营者常以发放各类宣传广告或播放宣传短片的方式吸引消费者眼球,而消费者购卡后,实际使用时才发现产品与广告承诺不符。

签霸王条款逃避责任

四是经营者往往与消费者签订"霸王条款",合约或卡上注明"本卡一经售出,不能退卡"、"遗失不补"、"最终解释权归商家"等。一旦出现纠纷,便以此为由逃避责任。

第三章
结账最后的屏障

编者小评

上述案例中,聂先生的购物卡里还有五角钱,但不能退现金,只能选择再买5角钱的货,这样对顾客来说感觉非常不好,建议超市应一切向顾客看齐,对顾客进行身份登记,一遍把这张卡的余额,转换到另一张卡上。

都是支票惹得祸

【场景导入】

2002年7月3日上午八点,一名五十来岁的女顾客走进某购物广场,这位顾客挑选的是大宗电器,调试了半天,总算选好了。结算时,顾客拿出一张空白支票,要在上面填上相关内容。这时顾客发现自己没有戴老花眼镜,看不清字,没有办法填。顾客要求接待大宗购物处接待人员替她填写,该员工以怕写错为由,拒绝顾客的请求。顾客说:"慢慢写不会错的。"结果被该员工断然拒绝,言辞非常冷淡。顾客很失望,到商场外找司机来填,没想到司机也填错了。顾客没办法,只有回去向公司重新申请一张支票。

顾客花费了许多手续,终于又申请到一张支票,急急忙忙赶回商场,没想到她挑选好的大件物品,因为无人看管,已经被还原到原处了。这就意味着顾客必须重新挑选商品。这样一来,已经到了下午四点钟。顾客越想越生气,于是提出投诉。

资深连锁超市小老板的生意经

【案例剖析】

1. 支票确应由顾客自己来填，但出于为顾客更好地服务，特殊情况下，替顾客填写支票也不是不可以，但要认真仔细；即使由于自己不会填写，也应向顾客讲明情况，请顾客理解，而不是冷漠地拒绝；当然你也可以请财务人员或收银管理人员帮助填写，为顾客办点实事。

2. 顾客有事暂离，应替她放好已挑选的商品，而不是还原到原处。

3. 在服务方面如果站在顾客的角度考虑问题，很多事情就会迎刃而解，复杂的事情就会变得简单。

【老板建议】

顾客服务，从不同的角度划分，有以下几种类型：

按售货过程的阶段分类

（1）售前服务。即在商品出售以前所进行的各种准备工作，目的是向消费者传递商品信息引起消费者的购买动机。这一阶段的服务包括提供商品信息、商品整理编配、商品陈列、货位布局、购物气氛创造等。

（2）售中服务。在人员服务的商店中，售中服务表现为售货人员在与顾客交易的过程中提供的各种服务，如接待顾客、商品介绍、帮助选购、办理成交手续、包装商品等服务。在自我服务（自助服务）商店中，售中服务则表现为提供咨询、帮助顾客、促销商品、结算、包装等服务。

（3）售后服务。即商品售出后继续为顾客提供的服务。一般来说，商店向顾客交付了商品，顾客向商店支付了金钱，销售已基本完成。但对于一般的大件商品，高技术产品，消费者在购买后对商品运送、使用时发生的一些问题，要商店提供进一步的服务。这类服务的目的是使顾客对商店感到满意，成为商店的回头客。售后服务包括：退换商品、送货、维修、安装，解决抱怨及赔偿，客户回访等。

从投入的资源分类

（1）**物质性服务**。即通过提供一定的物质设备、设施为顾客服务。如零售商向顾客提供的信息室、电梯、试衣室、试鞋椅、寄存处、购物车、停车场等，使顾客使用这些物质设备感到方便。

（2）**人员性服务**。即售货人员、送货人员、导购人员、咨询人员等提供的服务。他们提供的服务主要是劳务和信息的服务。零售业的服务人员要与顾客进行面对面的接触，他们的形象和素质往往对商店的形象有最直接的影响，也是消费者评价商店服务质量的一个重要标准。

（3）**信息服务**。即向消费者传递商店与所提供的商品等方面的信息，使顾客了解商家、了解商品、帮助顾客作出适当的购买决策。零售商提供的信息主要有POP广告、媒体广告、新闻宣传、商品目录、商品货位、人员介绍等。

（4）**资金信用服务**。即提供消费者信贷，如提供赊销商品、分期付款、信用卡付款等。在提供信贷服务时，零售商应考虑自身的承受能力及消费者的偿还能力，但同时也应避免审查手续过于复杂，以免雷声大雨点小草草收场，反而影响消费者的热情，损害商店的形象。

按顾客需要分类

（1）**方便性服务**。即对顾客浏览选购商品提供便利。这类服务是任何业态的商家都应该提供的服务，也是商店的基本服务，满足顾客购物的基本需要。这类服务包括：提供方便的营业时间；商品货位有指示说明标志；商品陈列井然有序，色彩搭配协调；售货员具备基本的业务素质；有宽敞的停车场地等。

（2）**商品购买的伴随性服务**。即针对顾客在获得商品的过程中要求提供的服务。这类服务与购买商品有直接联系，也是商店提供的促销性质的服务。如提供导购人员、现场演示、现场制作、送货、安装、包装等服务。

（3）**补充性服务**。即对顾客期望得到的非购买商品的需求提供服务。这类服务对顾客起着推动作用，辅助商店成功地经营，可以说是推销性的服务。这类服务包括：休息室、餐饮室、自动取款机、寄存物品、电话咨询、订货、照看婴儿、停车等。这类服务能有效的吸引顾客，留住顾客，提高了顾客在停留时间的购买机会，同时也有助于体现商店的服务特色，树立商店的良好形象。

超市每天都会接待形形色色的顾客，为每一位顾客提供优质的服务是超市每一位工作人员必须具备的基本素质。面对顾客提出的要求，作为超市工作人员有尽力完成。

第四章 服务态度要端正

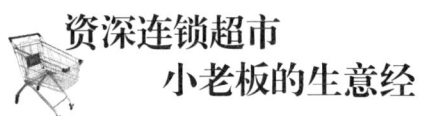
资深连锁超市
小老板的生意经

酸牛奶中有苍蝇

【场景导入】

2001年某日,在某购物广场,顾客安女士从商场购买了某品牌酸牛奶后,马上去一家餐馆吃饭,吃完饭安女士随手拿出酸牛奶让自己的孩子喝,自己则在一边跟朋友聊天,突然听见孩子大叫:"妈妈,这里有苍蝇。",安女士寻声望去,看见小孩喝的酸牛奶盒里(当时酸奶盒已被孩子用手撕开)有只苍蝇。安女士当时火冒三丈,带着小孩来商场投诉。正在这时,有位值班经理看见便走过来说:"你既然说有问题,那就带小孩去医院,有问题我们负责!"顾客听到后,更是火上加油,大声喊:"你负责?好,现在我让你去吃10只苍蝇,我带你去医院检查,我来负责好不好?"边说边在商场里大喊大叫,并口口声声说要去"消协"投诉,引起了许多顾客围观。

该购物广场顾客服务中心负责人听到后马上前来处理,赶快让那位值班经理离开,又把顾客请到办公室交谈,一边道歉一边耐心地询问了事情的经过。询问重点:1.发现苍蝇的地点(确定餐厅卫生情况);2.确认当时酸牛奶的盒子是撕开状态而不是只插了吸管的封闭状态;3.确认当时发现苍蝇是小孩先发现的,大人不在场;4.询问在以前购买"晨光"牛奶有无相似情况?在了解了情况后,商场方提出了处理建议,但由于顾客对值班经理"有问题去医院检查,我们负责"的话一直耿耿于怀,不愿接受我们的道歉与建议,使交谈僵持了两个多小时之久,依然没有结果,最后商场负责人只好让顾客留下联系电话,提出换个时间与其再进行协商。

第四章
服务态度要端正

第二天,商场负责人给顾客打了电话,告诉顾客:我商场已与"某某"牛奶公司取得联系,希望能邀请顾客去"某某"牛奶厂家参观了解(这家牛奶的流水生产线:生产——包装——检验全过程全是在无菌封闭的操作间进行的),并提出,本着商场对顾客负责的态度,如果顾客要求,我们可以联系相关检验部门对苍蝇的死亡时间进行鉴定与确认。由于顾客接到电话时已经过了气头,冷静下来了,而且也感觉商场负责人对此事的处理方法很认真严谨,顾客的态度一下缓和了许多。这时商场又对值班经理的讲话做了道歉,并对当时顾客发现苍蝇的地点——(并非是环境很干净的小饭店),时间——大人不在现场、酸奶盒没封闭,已被孩子撕开等情况做了分析,让顾客知道这一系列情况都不排除是苍蝇落入(而非牛奶本身带有)酸奶的因素。

通过商场负责人的不断沟通,顾客终于不再生气了,最后告诉商场负责人:他们其实最生气的是那位值班经理说的话,既然商场对这件事这么重视并认真负责处理,所以他们也不会再追究了,他们相信苍蝇有可能是小孩喝牛奶时从空中掉进去的。顾客说:"既然你们真的这么认真的处理这件事,我们也不会再计较,现在就可以把购物小票撕掉,你们放心,我们会说到做到的,不会对这件小事再纠缠了!"

【案例点评】

这家超市的负责人对事件的处理非常到位。第一时间做出正确的反应,并有条理,有程序的做出一系列的回应。处理的非常成功。

【老板建议】

处理顾客投诉是非常认真的工作,处理人当时的态度、行为、说话方式等都会对事件的处理有着至关重要的作用,有时不经意的一句话都会对事情的发展起到导火索的作用。我们对待顾客投诉的原则是:软化矛盾而不是激化矛盾,所以这需要我们投诉处理的负责人要不断提高自身的综合素质,强化自己对于顾客投诉的认识与理解,尽量避免因自己的失误而造成的不良后果。

下面是一些心得：

1. 沉着：在矛盾进一步激化时，先撤换当事人，改换处理场地，再更换谈判时间。

2. 老练：先倾听顾客叙述事情经过，从中寻找了解有利于商场的有利证据，待顾客平静后对此向其进行客观的分析。

3. 耐心：在谈判僵持后，不急不燥，站在顾客角度为顾客着想去解决问题，且非常有诚意，处理方式严谨认真。

超市在面对顾客投诉时，要调查清楚事情的前因后果，第一时间给顾客一个满意的答复。

商品不喜欢要退货

【场景导入】

一天下午赵先生在楼下超市里买了一个剃须刀，由于家里人在等着她吃晚饭，她也没有仔细检查就买了。晚上使用时发现剃须刀声音太大，吵得家里人都休息不好。

第二天上午，赵先生一大早来到售后中。说明情况表示要退货，可是超市售后中。的工作人员却说："小家电，一经售出，不予退货。"

赵先生疑惑地问："什么时候有这样的规定？"

那名工作人员回答："这是大家都知道的规定，明文规定。"

一听这个，赵先生急了："你这是什么话，什么叫明文规定，大家都知道。怎么我们家的人都不知道呢？"售后中。的吵嚷声引起了一位超市负责人的注意。他走了过来，问什么事。赵先生于是便把事情告诉了那位负责人，并补充说："你们的退货须知上明白地写着：商品售出15天内，顾客认为不满意，不影响二次销售，可退货。我昨天刚买的，上面的标签都没有撕，而且都没有用。为什么不给我退货？"

那位负责人一脸茫然，想了想说："您已经拿回家了肯定影响二次销售。要不这样吧，您挑选一个其他款式的，换货可以。"

赵先生听了，气得不行，说："要这么说，只要顾客买了的所有商品，不管用没用，都不可能进行二次销售了。什么都是你们的理。你们真是家黑店！"

最后，没有办法，赵先生只能挑选了另外一个剃须刀，但是。心里却郁闷不已。

【案例剖析】

超市卖出的商品如果出现退货，说等于赚得的利润成为虚有。没有商家希望退货出现，但是日常生活中，由于各种原因，顾客对买回的商品并不十分满意。所以，退货不可避免。那么，对于顾客的退换货要求，超市应如何更好地处理呢？如何避免发生上面案例中超市的错误呢？

对于商品的退换，一般应该遵循以下四项原则。

（1）一般商品只要不残、不脏、不走样、没有使用过、不影响再次出售的，应予以退换。

（2）有些商品，如服装，虽然顾客试穿过，但不影响商品质量的，应予以退换。

（3）过期失效、残损变质、称量不足的商品未经查过而卖出去的，一律予以退换。

（4）凡食品、剪开撕断的商品、买后超过有效期的商品、出售后不能再销售的商品、不易鉴别质量的贵重商品以及已经污损不能再出售的商品，一般不予退换。

不要顾客要求退换货就感觉"到嘴的鸭子飞了"。一次商品销售失败不代表什么。把顾客招待好了，让顾客成为"回头客"，才会有助于日后超市业绩的提升。

就上述案例这种情况，要热情接待和妥善处理要求退换商品的消费者，听取消费者和服务工作的意见，及时向有关部门反馈，以改进超市的服务工佣品时应按规定办理手续，以加强退货管理。

【老板建议】

在超市遇到上述这中情况是有六大忌语不能说：

忌语一："这不是我们的事，是供应商的问题。"

这是逃避责任的表现，因为顾客的交易是与超市完成的，而不是供应商，即使顾客愿意与供应商联系，那也不能免除超市的责任。

忌语二："我们只接受更换产品。"

当顾客对已购买的商品不满意时，如果顾客愿意更换，那就换；如果顾客不愿意换，则请记住顾客没有接受更换商品的法律义务。

忌语三："我们不可以退换，但可以免费修理。"

如果商品不具备可接受的质量，顾客可以不接受修理，这时，超市应给予退款或更换。

忌语四："没有小桑我们不予退款或调换。"

收据的主要目的是证明顾客从超市买了货物，所以超市在解决顾客的抱怨之前应核查以证明他卖给了顾客商品是符合事实的。如果顾客没有小票了，他可能有其他的购买凭证，比如支票存根或信用卡凭证，某个超市的名字可能在商品上，或某个营业员可能记得这位顾客。如果不能找到任何凭证，超市可以拒绝退货。

忌语五："我们不予退款。"

不能简单地说不给顾客退款，按照有关法律法规，顾客有权要求退款、换货或修理，如果产品不具备可销售的质量、符合它的用途或像它所描述的那样，超市不能剥夺这些权利。

忌语六："我们对廉价出售的商品不予退款或更换。"

无论顾客在超市中购买的哪一类商品，如果商品有缺陷，顾客的权利同样受法律保护，而不论顾客付的是全款还是低廉的价格。当然，如果商品是作为次品或特价品出售的，超市应该向顾客说清楚。

除了可借鉴超市在经营管理中关于退换货的六大忌语之外，超市工作人员对于商品退换货及退货处理流程都要做到心中有数。

商品退换货制度

（1）按国家规定，经检验商品不属于质量问题，售出后一律不给予退货，如确属质量问题，应马上退换，并向顾客赔礼道歉。

（2）按照规定，由顾客人为造成的商品质量问题，不能退换，这时应礼貌地向顾客解释，由于您没有保持商品的原样所以按规定不能退换。

（3）凡是已穿过或是用过的商品已经污损，应负责整修，不能整修的，可与顾客协商采取拆换质量有问题的部位，或是以按质论价的办法处理，也可视商品的污损程度，协商折价收回。

（4）对于剪裁商品，营业员应向顾客说明，布料从整匹上剪下来后是不能iB换的，如顾客执意要退，一般可采取代卖或按剪裁商品的折价规定处理。

（5）促销品或处理品不予退换，应该向顾客礼貌地解释清楚。

退货商品处理流程

（1）审核购买凭证，接待顾客，并核对顾客是否有超市的收银小票、发票，确认购买时间及所购商品是否属于不可退换商品。

（2）听取顾客的陈述：细心平静地听取顾客陈述有关的抱怨和要求，判断是否属于商品的质量问题。

（3）判断是否符合退换货标准：结合超市政策、国家的法律以及顾客服务的准则，灵活处理，说服顾客达到一致的看法，如不能满足顾客的要求而顾客予以坚持的话，应请上一级管理层处理。

（4）同顾客商量处理方案：提出解决方法，尽量让顾客选择换货。

（5）决定退货：双方同意退货。

（6）现场退现金：在收银机现场作退现金程序，并让顾客填写《退货单》，其中一联与购物小票或发票复印件钉在一起备查。

（7）退货商品的处理：将退货商品放在退货商品区，并将《退货单》的一联贴在商品上。

经营一家超市退货是一项重要环节，做好退货工作，是超市提高服务质量的一项重要内容，所以超市要做到，顾客满意，超市满意的要求。

当天购物却开不了发票

【场景导入】

赵女士听朋友说起她们家周围开了一家新超市，刚开业所有商品都打八折。于是，正好要为公司买办公用品的她就顺便去了这家超市。

朋友说的果真没有错，这家超市所有的东西都比别家超市便宜。赵女士一共买了二百多块钱的办公用品。这时，赵女士问收银员："请问在哪里可以开发票啊？"

收银员回答说："服务台。"

于是，赵女士来到了服务台。可是，结果却让她非常失望，服务台的工作人员告诉赵女士："不好意思。发票用完了，你过几天再过来吧。"

就这样，过了一周，赵女士去了那家超市索要发票，但是服务台的工作人员告诉赵女士发票还是开完了，问收据行不行。赵女士很是生气，

第四章
服务态度要端正

说道:"你们也真行。东西便宜有什么用啊。我开发票是要报销的。让我跑两趟都开不出发票。那以后谁还来你们这购物啊。"

就这样,赵女士气愤地离开了超市,决定再也不来这家总开不了发票的超市购物了。

【案例剖析】

顾客在超市买完东西要超市开具发票,这是很正常的要求,但是现在的很多超市都不愿意为顾客开具发票。因为不开发票,一是节约发票工本费,二是减少工作量,三是不让税务部门清楚营业额,可以使得超市少缴纳税款,从而增加利润率。但是,现在很多顾客购买商品都是公务购买,只有拿发票才可以报销。但如果不能开具发票,就会给顾客的工作带来非常大的不便,直接影响顾客的回头率,最终受影响的还是超市的业绩。

【老板建议】

超市作为一种现金流动非常大的企业,一定要依法向国家纳税。不要为了眼前的一点蝇头小利而找各种借口拒绝为顾客开具发票。因开具发票而扣除的税款仅占超市利润的很小的一部分。如果超市为了保存这一点点利润,而无视国家法律,不向顾客提供方便,那就是在拒绝顾客再次光顾。

所以,超市要想赚大钱就不能总是在小钱上算来算去。超市经营者应该把目光放远放长,放到如何提高顾客满意度上。顾客可谓是超市的衣食父母,把顾客服务好了,顾客常来光顾,利润自然就会来了。而在发票上做文章,是一种"捡了芝麻丢了西瓜"的做法。

编者小评

超市为了赚钱而不给顾客以开不了发票来搪塞顾客的做法,是不对的,缴税是每一家企业必须遵守的法则。超市的这种行为已经违背的税务法。更损失了顾客。

资深连锁超市小老板的生意经

营业员说是"公司规定"不给换货

【场景导入】

昨日,一对老夫妇提着两张××牌电热毯来到超市的顾客服务中心:说买了不到一个星期,觉得不适用,要求换货。总台服务人员将顾客带至家电服务中心,家电服务中心人员接待后将两个电热毯开盒检查,发现电热毯已经使用过,而且还有磨损的痕迹,于是向顾客说:"不好意思,这两张电热毯您用过了,我们无法再次销售。按照公司规定,我们不能给您换。"老人一听顿时火大:"如果不用我怎么知道不好用呢?不能换,就退掉!"

接待员听了也急了,说:"换都不行,就更不能退了。这是公司的规定,我得按规定办事。"老人听完怒火冲天:"你按你们规定吧!我们再也不来你们超市了。"

【案例剖析】

"我们的服务是为了顾客最大的满意",这是超市工作人员服务的宗旨。上述情景中接待员为了维护超市的利益而无视超市失去一个顾客。因此,我们应该要引导正确的销售观念,避免发生上述情景中"因小失大"。

【经营反思】

"这是公司的规定。"这句话越来越成了超市客服人员应付顾客的"挡箭牌现在,各大超市都把服务挂在嘴边。然而,顾客真正需要的是有品服务。超市要提升服务品质,就应该让员工有能力去做能令顾客满足的千万

别让他们对顾客说出"对不起,这是公司的规定,这类话来。要做到这一点,需要明白以下两个方面:

一是超市的规定通常是为了提高客服人员的工作效率和工作质量而设,并不是为了监督顾客或限制顾客的。

二是如果顾客认为自己的要求合情合理,那么强调"这是我们公司的规定"也不会有什么作用,尤其,对愤怒中的顾客来说,这句话让他觉得自己不受重视,带来心理上的挫伤,情绪更加沮丧、郁闷、不满。

编者小评

换货是每一家超市都会遇到的问题,如何处理换货问题,是每一家超市所关注的。对于顾客换货要求,只要不违背超市利益的情况下,要尽量满足顾客的要求,这样才能带来更多的利润。

修表让顾客很不满意

【情景导入】

一位女顾客带着读中学的儿子来到某超市一楼钟表柜台,请营业员检查一下刚购买才10天的"防水手表"就已经出现进水现象。顾客说:"你们这表有质量问题,'防水手表'一点都不防水。夜视指示灯按钮不灵,有时可以按亮,有时就不行,下雨天就进水,里面全是雾气,你们这是伪劣产品。"营业员检查了一下,发现确实是有点问题。

资深连锁超市小老板的生意经

顾客说:"那现在怎么办呢?"

营业员说:"在10天之内可以换货。"

顾客说:"那正好,今天刚好第十天,7月1日买的,应该可以换货。"

营业员一听,马上说:"啊,对不起,我记错了,电器才是10天,钟表是7天。"

"不是吧?"顾客不相信地看着营业员。

营业员马上接过话:"这是国家的'新三包规定',又不是我定的。"

顾客懒得与营业员进行理论,就说:"那就维修吧。多长时间可以取货?"

"至少要15天。"

"太长时间了,能不能快一点?小孩读书天天要用。"

"最快也要10天,修好了,我们电话通知你。"

"如果修好后再坏了怎么办?"

"如果修了三次还修不好,就可以换一款。"

"那多麻烦,你们应该给顾客多考虑一下,不要让顾客来来回回跑,不然会使顾客流失掉的。"

顾客带着孩子离开钟表柜台去购物,孩子还在说:"以后不要来这里买了。"

【案例剖析】

在"情景导入"中,营业员因为怕顾客换货,而歪曲国家有关规定。新三包规定:产品自售出之日起15日内,发生性能故障,消费者可以选择换货藏者修理。在三包有效期内,修理两次,仍不能正常使用的产品,凭修理者提出的修理记录和证明,由销售者负责为消费者免费调换同型号、同规格的产品,如消费者不愿换货,则按规定退货,然后,依法向生产者、供货者追偿或者按购销合同办理。销售的完成不是将商品卖出去就完成,而应当是顾客使用满意后才能算销售的完成,但很多超市员工的这种意识还不是很强,往往忽略了商品的顾客带来的麻烦及后面的潜在危机(不愿

第四章 服务态度要端正

再来购买）。售后服务不完善会使公司的信誉度在消费者心中大幅下降，最终影响到公司的生存。所以做好售后服务，对提升超市的美誉度起到重要的作用。

【老板建议】

商品质量出现了问题，应当用较好的售后服务进行弥补，"亡羊补牢，犹未为晚"。但有的超市的营业员为了不让顾客退货或换货，常编造一些谎言欺骗顾客。对于不知国家相关政策的顾客，这一招可谓是百试不爽；对于知道国家政策但不愿争吵的顾客，虽不与营业员发生争论，但下次不会再来；如果遇到了既懂政策又脾气暴躁的顾客，可能就会将矛盾激化。因此，作为工作人员还是应当诚实对待所有顾客，一视同仁，让顾客从内心感受到超市的真诚，来到超市卖场有宾至如归的感觉，这样才能给超市带来财富。

修理服务可能是最难办理的服务之一。比较好地修理服务，可以促进业务经营，为商场带来更多的销售额；但反过来，如果顾客得到的修理服务低于他预期的标准，那么，他今后就有可能不再来这家商场购物了。而且，会把他们的不满告诉他们的亲朋好友，反而会影响商场的销售。

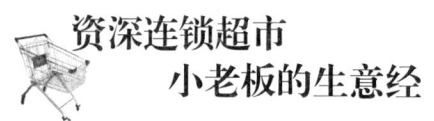

资深连锁超市
小老板的生意经

一只"变质的烤鸭"

【情景导入】

邓阿姨这天下班早，回来的路上看到一家超市在促销。于是就去了这家超市看看有什么打折的东西。进入超市熟食区，听到那边传来一阵吆喝声："刚出炉的烤鸭半价大促销，只要15元。"于是，邓阿姨便走了过去。看了一下，焦黄的烤鸭散发出阵阵香味，口水都要出来了。于是，邓阿姨便买了一只。

回到家中，邓阿姨把烤鸭撕开后放到盘子中。开饭了，一家人都想来品尝一下这种物美价廉的烤鸭。突然，邓阿姨的儿子把嚼了几口的烤鸭吐了出来，说："什么味道啊这是？"

随后，邓阿姨一尝，发现这种看起来酥嫩的烤鸡里面的肉竟然有一股酸味。于是，气愤的邓阿姨拿着那只已经变质的"烤鸭"来到超市的售后服务中心投诉。售后中心的人员一看这种情况，忙叫来超市负责人。超市负责人安慰邓阿姨，答应邓阿姨返还全部钱款，并送给了邓阿姨一张超市的八折的折扣卡才平息了一场纠纷。

原来，这家超市的熟食部把几天前没有卖完的烤鸭刷上红油和新烤出的烤鸡一起出售，邓阿姨买到的正是过期的烤鸡。

【情景剖析】

在现代超市中，熟食部是许多超市的龙头，其销售额所占比例也较大，因此其产品质量的稳定性对该部门及整个超市的销售起较大作用。就像上面案例中，由于熟食部销售已变质"烤鸭"，而使得顾客投诉，虽然超市负责人对顾客进行了补偿，但在顾客心目中会留下"某超市的熟食不可靠"的印象，以后会减少购买。熟食部所有工作人员应高度重视商品质量，杜绝类似情况的出现。

销售剩下的熟食，超市一定不能以一种侥幸心理放到明天继续出售。这种看似赚了巧钱，实际是砸了超市自己的招牌。对于当天卖剩的熟食，超市可自行处理，也可进行特价促销。总之，不能"今天卖昨天的货"。

【经营反思】

超市熟食一般先由供应商提供熟食的半成品，再由超市加工成熟食；也有一些超市选择直接从供应商处获取熟食成品。所以，经营一家超市，加强对熟食的监管，首先要从进货环节开始抓，特别是对供应商的选择。超市必须选择持有卫生许可证的供应商，卫生许可证上的地址及允许的项目必须与工厂的地址和加工项目一致。如果超市进的货是国内冻品，还要由供应商出示相关文件。

如果超市收到顾客食物质量投诉，首先应关注顾客的身体健康，询问顾客的身体状况，是否到过医院治疗等；如果没有，超市就应该保留变质食品并送到卫生防疫站检查，以确定问题是出在供应商方面还是超市本身，并将此经验教训向员工通报。对于顾客应该全额退款，并且对消费者进行一定程度的赔偿；如果是超市内部原因导致的食物变质，对相应的员工进行一定的惩罚，积极改善、改进和提高。

下面是几点建议：

1.熟食部是该商场的一个毛利较大部门。其产品的质量对顾客而言，至关重要。而且这个部门的商品质量只要稍不注意就会出问题，如：一只鸭子烤制时间不到或超时都有质量问题存在；需冷冻的商品如果冷冻的温度不够，也易产生商品变质等等。所以，熟食部员工一定要高度注重商品的质量。

2.只要商品的质量做好了，熟食部的销售就会上去。当然如何保证商品质量，既有责任心的问题，也有业务技能的问题，作为管理人员应该跟进查实，分清情况。

3.出现问题后不能只是单一罚款就完事,而是应该进行分析,是责任心的问题严格按照公司制度处理,是业务技能不够就应加强培训,使每位员工的业务技能达标。

编者小评

食品的安全问题,一直就是社会各界最热议的话题,超市为了一己私利,而将过保质期的商品加工出售,这样对顾客、对超市都会造成很大的影响。

护肤品让顾客"无颜以对"

【场景导入】

2010年5月的一天,顾客黄小姐在一家超市的化妆品专柜买了一盒刚上市的护肤品。回到家洗过澡后,涂上了这款护肤品。第二天早上起来,黄小姐发现自己的身上布满了红色印记。于是,孟小姐要求超市进行赔偿,并当面道歉。超市的理由是护肤品提前都需要试用,黄小姐没有前试用导致皮肤过敏是黄小姐自己的责任。而且,这款护肤品许多顾客都买过,并没有过敏反应。所以说明不是商品质量问题。黄小姐愤怒了,一纸诉状将超市告上了法庭,不仅要求双倍赔偿,而且同样要求超市公开赔礼道歉的要求。

不久法院的判决书下来了,法院支持黄小姐的诉讼要求。

【案例剖析】

超市卖给顾客使用过敏的化妆品,责任在谁?超市的理由没有错,许多顾客都买过这种化妆品,也没有人来投诉这种护肤品,说明不是商品的质量问题。所以，对于孟小姐提出的赔偿不答应。而对于孟小姐来说，既然是超市买的护肤品，又对自己造成了伤害，超市给以自己适当的赔偿是理所当然的。

从法院最后的判决来说，超市最初没有给孟小姐赔偿和道歉是错误的。顾客购买了超市的商品，商品给顾客带来了伤害。无论是否是商品质量问题超市都要对顾客表示同情，并给予适当的补偿。这样的超市在顾客眼中才是大度、人性的超市，也只有这样才会留住顾客。才会在顾客群里形成口碑效应。

像这家超市，一味强调是顾客自身的原因，只会让顾客不再相信超市，以后在超市购物不再有安全感。这样的超市也就等于失去了"民心"。真可谓是"赔了夫人又折兵"。

【老板建议】

投诉的类型及处理方法：

对商品的投诉

（1）商品质量确实有问题，例如：次品、有破洞、开裂、有明显做工粗糙等，属商品本身质量问题，顾客要求退换，一律退换；

（2）因顾客不小心，自己造成商品的钩丝、开裂、小洞，这种情况下，顾客一般怀有一种侥幸心理来找我们帮忙。我们要热情接待，告诉顾客这种情况下我们不退换，但我t'lq可以帮助顾客，帮顾客修补。如果要拿出去修补，一般费用由顾客出。修补完后，熨平整，交给顾客。热情的服务和关心可舒缓顾客不平衡的心理，不理不睬，会造成顾客没事找事。

（3）商品洗涤后出现的问题，如衣服缩水、起毛、发皱。对于只能干洗的商品，员工在出售时未向顾客说明或误导顾客出现的问题，责任在我们，可退换。所以，我们在出售商品时，如果必须干洗的衣服，一定要向顾客说明，并在销售小票上的顾客联上盖"只可干洗"章。

（4）顾客购买衣服后，发现尺码不符，想换尺码，如果在一周之内，服装未经洗涤过,未加工改造,无破损、无污渍、不影响二次销售,可换同款式、同价之商品。

(5)顾客刚购买的商品,后悔,想换另外一件,如果在一周之内,衣服未经过洗涤,未加工改造,无破损、无杩渍、标签完整,不影响二次销售可换货,但不退货。

对服务的投诉

不理会顾客的询问,或对顾客的询问,回答语气不耐烦、敷衍、出言不逊;不尊重顾客,未经顾客同意,强行索要小费;隐藏、占有顾客遗留的东西;如果有以上行为被顾客投诉,一经查实,立即解聘。

对安全和环境的投诉

(1)店内地面有溢出物,使顾客摔倒;

(2)衣架、玻璃、吊灯坠落,砸伤顾客;

(3)因镜子、玻璃未贴提醒标志,造成错觉,使顾客撞伤;

(4)顾客在店内丢失物品

出现以上情况,首先要表示关心、同情。如果顾客提出要求赔偿,你可以回答:对不起,我不清楚,但我们可以帮您问问。确保找到相关的管理人员来解决。

护肤品,的成分中含有化学元素,有些皮肤会对这些化学元素过敏,导购员在向顾客推荐时,一定要先让顾客试用,以免出现不必要的麻烦。另外,对顾客的投诉,要态度诚恳,一定要弄清楚状况,再下结论。

第四章
服务态度要端正

是"999",还是"666"

【场景导入】

某某超市刚刚开业,为了吸引更多的顾客前来购物。超市打出一条促销信息:"自即日起,我超市推出摸球有奖销售活动。凡一次性购物满300元的顾客,凭当日购物小票免费抽奖一次,中奖率百分之百,当场兑现。"甘泉在放学途中路过超市看到这则消息,回家便拉了妈妈专程到超市来购物。最后,甘泉和妈妈一共购买了350多元的商品,符合了抽奖条件。据超市促销广告规定:顾客如果摸到三个印有数字"9"的乒乓球,就可获得头等奖诺基亚手机一部。甘泉和妈妈抽到乒乓球,激动万分,因为他们抽到的三个球上都是数字"9"。然而当高山和妈妈拿着乒乓球来兑奖时,超市门市部的自责人却以"6"和"9"形体相反为由,说甘泉和他妈妈抽到的是"6",不承认她们中了头奖。甘泉和妈妈一气之下,投诉到了消协,没有办法超市最后给了他们二人一部诺基亚手机,但由此企业形象却受到了很大影响,甘泉和妈妈从此再也不去那家超市购物,同时一传十,十传百。大家都知道了这家超市是一家不讲信誉的超市。

【案例剖析】

上述这家超市由于眼前的一点点蝇头小利,而去反悔自己已经对顾客做出的承诺。在"9"和"6"上大做文章,否认已经中头奖的顾客的奖项。最后让顾客对超市严重不满,对超市进行了投诉。到头来,超市还是把头奖给了顾客。但是,在顾客心目中,超市已无信誉可言。可见超市的这种出尔反尔的行为。不仅会给自身的品牌形象带来极坏的负面影响,也会在激烈的商业竞争中使自己的路越走越窄。

资深连锁超市小老板的生意经

孔子说："人而无信，不知其可也。"意思是说一个人如果不讲诚信，就不能立身处世。对于一家超市此道理也成立。诚信不仅是超市发展的品牌与生存的基础；更是蕴藏着丰富的文化内涵。它是超市树立品牌的过程，是经济发展的规律，是超市不断自我提升的必然结果。

【老板建议】

一个人如果没有诚信，他就不会交到朋友，他的路会越走越窄。对一家超市而言，如果没有诚信可言，顾客就不会放心地购买超市的商品，超市的经营之路也不会走太远。

诚信可以说是一家超市赖以生存的精神屏障。诚信经营可以让我们获得更好的口碑效应，扩大营业额，现在超市竞争越来越激烈。一家超市要想在激烈的竞争中获胜，受到广大顾客的青睐，商品可靠可信是必不可少的。反之如l果不讲诚信，就会让超市的形象大打折扣。无论超市的商品有多好，也会由于无信誉可言而丢掉顾客。

超市经营者都看重自己的品牌，但是诚信的价值永远高于品牌价值。如果超市没有诚信，"品牌从何而来"；如果超市仅仅靠那些弄虚作假、瞒天过海、欺诈手段，是不可能长期生存与发展的。超市要想长期经营，并从中赚到大钱，就不能"一切只向钱"看。有人说，如果一个人实现了自己的社会责任，金钱自然会来找他。对于超市也是一样，如果超市做到了诚信经营，顾客就可以在超市放心购物，不会有什么后顾之忧，超市的客源才能稳定，赚取利润变得轻而易举。

编者小评

超市为了吸引顾客购买更多的商品，往往会采取满几百，就可以参加抽奖，而且奖品很不错，超市的这中行为并没有错，但是超市在抽奖数字上大做文章，就属于错误做法。这样会让顾客对超市失去信心，从而是超市失去客源。

第四章
服务态度要端正

价签一个价，收银一个价

【场景导入】

两位年轻的女士在某超市选购商品时，看到此超市的大瓶鲜橙多7.50元/瓶。当时看到货架上摆的是两支促销装，便拿了好几瓶，然后很高兴地到收银台付款。她们在付款时，听到收银员告诉的总金额，两位女士很奇怪地想："怎么会这么贵呢？"付完款后便随意看了一下小票，原来7.5元/瓶的"鲜橙多"变成15.9元！

当下便询问收银员是怎么回事，收银员表示不清楚。于是两位女士找到服务台，进行投诉。她们将当时的情况告诉了接待员，接待员听后便叫了该商品部的主管来解决。主管去复核价格后，回来后便对顾客说："小姐，7.5元/瓶的'鲜橙多'缺货，上面摆的是15.9元/瓶的。"主管说完就走了。

两位女士顿时便有点儿上当受骗的感觉，又将此事反映给值班经理，原以为这位经理会给一个合理的解释，但是值班经理也没有。经理对她们说："小姐，刚才他们已和你们说得很清楚了。"

两位女士很生气地告诉他："但上面并没有15.9元的标价！"值班经理不甘示弱："哪有7.5元这么便宜的！"

两位女士已经很生气："但上面摆的就是这样的。"

值班经理回应："既然这么便宜，你为什么不拿一箱呢？这样吧，我退钱给你们！"

两位女士退钱离开超市，并发誓今后再也不来该超市。

【案例剖析】

超市的这位管理人员的处理方式都极为不负责任，敷衍了事。这样必然会导致超市失去顾客，失去了营业额。管理人员应该对顾客的投诉认真对待，树立服隧识。

价签不正确或不及时更换会给顾客造成误会，也会给商场带来许多不必要的麻烦。

【老板建议】

顾客遇到价签与商品实际价格不符时，往往认为自己受到了欺骗，会带着怨气去投诉。因此，顾客往往会向超市发泄自己的不满情绪，以释放和缓解不愉快的心情。在处理此类投诉时，工作人员的耐心及回应显得尤其重要。有时工作人员诚恳的道歉就会平衡顾客的心理。工作人员应当以恰当的语言和友善的态度安抚顾客，并及时与相关部门或人员联系，确认问题所在，分清责任，并给予顾客合理的解释。如果顾客的投诉得不到解决，顾客极易流失。对此，工作人员应该与顾客充分沟通，争取顾客理解与体谅。

评价服务质量的五个维度：

可靠性

可靠、准确的完成已经承诺的服务的能力，这是最重要的评价维度。可靠性是指专业服务人士一贯的可靠程度，他是否能兑现自己的承诺。专业服务机构或人士一定要牢记的一点就是"不要夸大承诺"。能够及时兑现自己承诺的核心服务尤其重要。

可靠性也同服务过程有很大关系。由于客户参与了服务过程，他们会了解更多的真相。如果这些事实反复无常、没有固定的轨道，客户将很难相信结果会是有力而积极的。这将引起客户的焦虑，因为他们无法预测下一步会怎样。

对客户的回应

积极主动的帮助客户，能够提供及时的服务。对客户的回应是指服务提供者对帮助客户解决问题是否表现出积极主动、准备充分的状态。这一维度将考虑专业服务人士解决客户的利益、需要或抱怨的速度与多渠道性，它也涉及服务提供者适应客户的特殊需要或不断改变的条件的灵活性。

可信任度

专业、渊博的知识和礼貌的态度会增加客户的信任与信念。由于很多客户无法确定服务的结果，信任变得极端重要，特别是当客户意识到存在不同寻常的高风险时。最深程度的信任是在长期积累中形成的。

对客户的个人关注

同情客户的处境，给予他们个人关注。任何人都希望别人认为他很重要。让客户感到自己是独一无二的、受到特殊待遇的重要人士，是服务提供者个人投入的关键。为了培养对客户的同情心，专业服务机构必须了解并牢记客户的每一点需要与匮乏。服务机构也必须建立一套体系，能迅速获取、保留并显示客户的个人信息以及背景资料。例如对客户项目的关注、成绩成就的肯定和赞美、关注客户家人的成长历程等等。

有形资源

物理设施的外观、设备、职员以及书面材料。由于服务是无形的，客户将寻找能够反映服务质量的物理特征。专业服务提供者必须确保他们的物理设施、设备、人员和交流资料反映了客户所期待的形象。

> 销售服务是连锁经营企业的主要经营环节，也是服务质量形成与交付顾客的关键环节，连锁经营企业员工的服务行为不仅直接关系到服务质量，而且也影响连锁经营企业的整体形象。

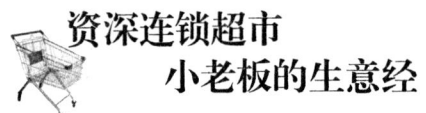
资深连锁超市
小老板的生意经

如此服务态度

【场景导入】

2002年7月26日下午6:30左右,某超市内人头涌涌,好不热闹,员工有的在招呼顾客,有的在通道上整理商品,许多通道都被商品或纸箱堵塞,当然,这样就少不了顾客的埋怨声。小张和同事在拥挤的人流中来到鲜鱼档,鱼档商品品种不少,价格也比较适中。特别是盛有基围虾的池子边挤满了选虾的顾客,因是傍晚,部分基围虾已死,顾客只好争先恐后地在池子里玩着捉活虾"游戏",不时传来一阵阵笑声。个子高的顾客猫着腰选虾有些累,难免抱怨死虾太多,选活虾花时间太长,干脆作罢。

小张大概花了二十分钟时间捉了近两斤虾,高高兴兴拿到鱼档计量处,用手高高举着,小心对服务员说:"麻烦秤一下重量好吗?"没听见,再提高一下声量,服务员就是没有反应。此时等待秤重量的顾客已有五、六人,每人都将手臂伸直,高高举起手中的虾或鱼。在小张身旁的一位小姐买了两条福寿鱼,对着转身过来的服务员声音比较清晰的说到:"我的鱼要杀。"面无表情的服务员接过她手中的鱼,在计量秤上秤完,马上用封口机封口,将打出的条码纸贴上,那位小姐急了,脱口而出:"鱼要杀的!"小姐话音未落,服务员先生的无名火只往上窜,赌气将两条鱼摔在杀鱼的案板上,粗声粗气地说:"早说呀!又不说。""我说过几次了,是你自己没听见。"顾客也非常生气,嘴里直嘀咕服务员的态度差,说下次不来了。

其实,当时小张也对服务员的态度感到气愤,心里为顾客打抱不平,

第四章
服务态度要端正

因为顾客至少说了三次"鱼要杀。"只是服务员根本没去留意顾客的言语，看样子个人情绪已经严重影响了工作。退一步讲，假如你确实没有听清楚顾客要"杀鱼"的请求，能否说一声："对不起，我可能没听清楚。"态度好一点，我相信顾客就不会多言了，下次一定还会来这里买鱼。

【案例剖析】

1. 作为一名营业员没有将顾客放在第一位，急顾客之所急，而是将自己的情绪带到工作中，把怨气发泄到顾客身上。试想一下，若你是这位顾客接受了如此的服务之后，还会再来吗？

2. 在零售业竞争日趋激烈的今天，且硬件方面都大同小异的情况下，我们的软件服务是否也提升到了一定的高度？服务不到位是我们顾客流失的一个重要原因，看来我们的员工在服务意识这方面还有待进一步加强。

【老板建议】

生鲜区吸引顾客的关键

卫生干净

提供给顾客一个洁净、舒适的购物环境，让顾客有一个愉快的购物心情，这是经营商店最基本的要求。提供安全、新鲜、卫生的生鲜商品，除进货质量保证外，生鲜操作间（如肉类部）、卖场（如水产部）要经常保持清洁、不得积水，操作间内"禁止吸烟"、"禁止用餐"，以符合卫生标准。此外，对生鲜作业人员要严格要求其着装及仪容仪表，建立良好的个人卫生习惯，以减少生鲜商品受污染，确保生鲜商品的鲜度与品质。

新鲜品质

"质量就是生鲜商品的生命"，我们对于生鲜商品的质量要严格把关，建立严格的验收进货制度，严格检查进货日期、品名、规格、数量、质量，合格后完成入库手续，收货员、录入员、生鲜主管务必在验收合格的永续订单上签名确认，以形成相互连接的控制链。

商品陈列

生鲜商品所具备的基本色彩是超市热列红火气氛的制造者。它能营造整体生鲜卖场的新鲜度、热情、活泼的气氛及季节变化的量感；也能让"丰富"的陈列体现出新鲜感，根据季节性商品组合，做到商品齐全、分类清楚、量感陈列，要体现出商

品的特性及物美价廉的意境；还要利用陈列方式将性质或功能相同或相近的商品陈列在同处，从而刺激消费，简化顾客对商品质量／价格的比较程序，使之易于销售；根据季节或DMS安排每一种商品的合理空间排面，以达到最高"实效"的要求。

商品定价

"天天低价"是生鲜区保持形象的策略，以低廉合理的市场价格、强有力的促销来增加来客数是生鲜经营的基本思路，并且随时以"低价促销"来保持品质、降低损耗、加快生鲜商品流转。

价廉的意境，能够引起消费者的选购，提高顾客的购买欲，进而创造人潮、抢夺人潮，树立"生鲜"的形象。

鲜度管理

完成生鲜商品陈列后而不加管理，将缩短生鲜品的货架周期，削弱商品表现力，增加损耗。因此卖场在营业时间提供持续鲜度高的生鲜商品是必须的营业要求，也是留住顾客的最佳方法。鲜度是生鲜商品的生命线，若生命线无法延续，则消费者便无心购买，让顾客失去信心是超市"最致命的杀伤力"。因此如何保持和延长生鲜商品的鲜度，以确保生鲜商品质量，

使顾客买得放心，是我们务必要精心研究的问题。

库存规范

要明确了解各项生鲜商品和加工原料的理想存储温湿度要求，使商品和原料在待售、待用状态下保持最佳品质。例如：熟食柜销售的食品，其温度不能低于60℃；冷藏、冰冻卧柜的商品陈列均不得超过装载线；各种展示柜、冷冻柜（库）均需有温度调整记录手册及操作规范；关店之后，应把最易损耗（坏）的商品打包放入冷藏或冷冻库内。

顾客需求

只有有效满足顾客的需求，才能实现最终目的——创造经营利润最大化，企业才能持续经营和发展。因此在卖场生鲜经营管理上，要随时了解顾客需求，要将生鲜商品质量的筛选方法用POP牌告诉顾客，以降低人为损耗；要明确标出各种生鲜产品的料理方法或营养成分，以吸引或增加新的顾客购买。只有这样才能换来顾客的长期信任和购买以及企业的长期利润回报。

> 超市的营业员有为顾客服务到底的义务，对顾客的合理要求不能拒绝，更不能对顾客大喊大叫，这是一位合格营业员服务的基本态度。

第五章 商品布局要注意

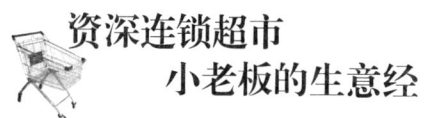

资深连锁超市
小老板的生意经

买个生活用品真难啊

【场景导入】

皇家超市位于一个居民小区内,服务对象是周边居住的居民。自开业以来就广受顾客诟病。

原来附近的居民以中老年人居多,经常会过来买一些油盐酱醋蔬菜之类的生活用品。而皇家超市却将这类商品放置于超市的最深处。每次顾客总要费时费力地转一大圈。时间一长,自然怨声一大片。有的顾客到前台提意见,建议把商品陈列换一下位置,也好方便大家。超市经理看到意见后不屑一顾,认为这些顾客是在无理取闹。因为他这是借鉴了大城市超市管理经验,不会有错。

后来,在这家超市附近又开了一家超市,这家超市从当地居民生活出发,对物品陈列做了一下调整。很快居民们都去新开的这家超市去购物了。也没人去皇家超市了,时间一长,也就关门大吉了。

【案例剖析】

超市商品的陈列策略与艺术是指超市应注意商品的摆放位置,以制造更多的销售机会,从而提高销售业绩。显然,案例中的皇家超市就是在商品陈列上栽了大跟头。商品陈列除应本着便民原则考虑外,还应在货架等细节处多下工夫。

提高卖场日常销售最关键的一点就是货架上黄金段位的销售能力。一项调查显示,商品在陈列中的位置进行上、中、下三个位置的调换,商品

第五章
商品布局要注意

的销售额会发生如下变化：从下往上挪的销售一律上涨，从上往下挪的一律下跌。这份调查不是以同一种商品来进行试验的，所以不能将该结论作为普遍真理来运用。但"上段"陈列位置的优越性已经显而易见。

实际上目前普遍使用的陈列货架一般高 165-180 厘米，长 90-120 厘米，在这种货架上最佳的陈列段位不是上段，而是处于上段和中段之间段位，这种段位为陈列的黄金线。以高度为 165 厘米的货架为例，将商品的陈列段位进行划分：黄金陈列线的高度一般在 85-120 厘米之间，它是货架的第二、三层，是眼睛最容易看到、手最容易拿到商品的陈列位置，所以是最佳陈列位置。此位置一般用来陈列高利润商品、自有品牌商品、独家代理或经销的商品。该位置最忌讳陈列无毛利或低毛利的商品，那样对零售店来讲将是一个巨大的损失。

其他两段位的商品陈列的黄金分割中，最上层通常陈列需要推荐的商品；下层通常是销售周期进入衰退期的商品。

【老板建议】

商品陈列对销售的促进作用毋庸置疑。有资料表明，采用商品陈列的黄金分割可平均提高 24% 的销售额。

商品陈列黄金分割法则要做到以下几点：一是货架每一格至少陈列 3 个品种（畅销商品的陈列可少于 3 个品种），保证品种数量；二是就单位面积而言，平均每平方米要达到 11-12 个品种的陈列量。

当商品暂时缺货时，要采用销售频率高的商品来临时填补空缺商品位置，但应注意商品的品种和结构之间关联性的配合。

商品陈列黄金分割只是一个平面的设计，商品是立体排放的，更细致的研究在于商品在整个货架上如何立体分布。

系列产品应该呈纵向陈列。如果它们横向陈列，顾客在挑选某个商品时，就会感到非常不便。因为人的视觉规律上下垂直移动方便，其视线是上下夹角 25 度。顾客在离货架 30 厘米至 50 厘米距离间挑选商品，就能清楚地看到 1-5 层货架上陈列的商品。而人视觉横向移动时，就要比前者差得多，入朝视线左右夹角是50度,当顾客距货架30厘米至50厘米距离挑选商品时,只能看到横向1米左右距离内陈列的商品。这样就会非常不便。

实践证明,两种陈列所带来的效果确是不一样的。纵向陈列能使系列商品体现出直线式的系列化,使顾客一目了然。系列商品纵向陈列会使20%～80%的商品销售量提高。另外,纵向陈列还有助于给每一个品牌的商品一个公平合理的竞争机会。但产品线很长的品牌应区分对待。如果将这一品牌的商品纵向陈列,虽然从整体上看陈列得非常整齐,但往往会使某些品牌占据卖场货架的主要段位,为了便于进行商品的实际销售能力的考核,现在有些门店会在纵向陈列与产品的类别上做一个选择,将一些产品线比较长的产品分成若干个部分,这样就会增强商品之间的竞争意识,并且便于顾客比较商品的价差,从而提高门店的日常销售。

下面是一家超市果蔬陈列方法:

1. **赏心悦目**。超市摆放果蔬商品时,要力求格调一致,色彩搭配合理,给人赏。悦目之感;摆放的方式要尽可能归类摆放或适度穿插排列,在不影响美观的前提下,将滞销的果蔬摆放在旺销的果蔬附近,以利于销售。

如:夏季西瓜是最畅销的产品,相比西瓜,那些价格较高、相对冷门的水果销售就不理想。比如杏子之类。这时,就可以通过陈列加引导的方式来人为的提升杏子的销量。我们可以在大面积的西瓜当中留出一定面积的柜台堆放杏子,搭上一个标牌,上面写上"夏季水果西瓜的最好搭档"。店员也很好解释,西瓜解渴又防暑,但维生素等营养成份的含量却很少,而杏子是水果中维生素含量较高的一种,每天一个就能有效补充人体所需的维生素等营养,专家也建议夏天不能光图痛快,只吃西瓜。用这种方法启动杏子的销售将会易如反掌。

2. **主题陈列**。依据主题陈列,即在卖场内创造出一个场景,表现一定的主题和内涵。使顾客产生一种新奇、与众不同的感觉,不知不觉中对号入座,让消费者更愿意欣赏和自由选择,让水果超市更具生命力。

主题的具体划分可根据场地、环境、季节等实际情况而定,主题区的划分可分为:口味区和营养区;老人区和小孩区;当季区和反季区等。

3. **用心掌握陈列方法**。醒目:就是要便于顾客看到商品,它是商品

第五章
商品布局要注意

陈列要注意的第一要求；位置：人的视线的最佳醒目位置是与眼睛成直角的地位，从顾客的眼睛以下到胸部是最有效的高度，对这一黄金面积必须充分利用，防止空置浪费；量感：数量少而小的东西，不引人注目，必须使小商品和形状固定的商品成群陈列，集小为大以造成声势。有时可以利用视觉误差，造成产品丰盛的感觉，超市可在斜着置放的果蔬平柜后，放一块大镜子，看起来商品就琳琅满目了；节奏：把经营的商品不分轻重缓急、主次强弱，全部平排出来，总体既不突出，也不可能醒目。

商品陈列不仅是一门艺术，更是一门科学，好的商品陈列对顾客消费具有一定的引导性和选择性。通过本章学习，学生应了解商品分类的方法、商品配置毒的薯能、理货员的职业道德要求，掌握商品配置的制作，商品陈列的方法、各类商品陈列的要点、理货员的工作流程、理货员的主要工作职责。

火锅料放哪去了

【情景导入】

汪奶奶的儿女们每到周末都会来看望她，今天又是一个周末，汪奶奶想着好久没吃火锅了，今天就吃火锅吧。于是，汪奶奶在小区附近的超市买火锅必备的东西。很快东西都买齐了，但是就是找不到火锅料在那里。于是，汪奶奶在超市里转来转去，到处找却找不到。从一层转到

资深连锁超市小老板的生意经

三层,又从三层转到一层,汪奶奶累得不行了,可就是丝毫没有发现火锅料的影子。

没有办法,看到走过一名营业员,汪奶奶喘着粗气问:"你好。请问火锅的底料在什么地方有卖啊?"营业员说:"在一层的调味区。"

汪奶奶疑惑地问:"我就是从那里过来的啊,怎么没有看到啊。"营业员一看汪奶奶已经上气不接下气了,说:"那您跟我来。"来到一层的调味区,营业员指着第二个货架,对汪奶奶说:"就在那儿啊。"

汪奶奶恍然大悟:原来在那儿啊!火锅料怎么和火锅食材离那么远啊。我怎么也没想到它会和酱油放在一起啊。"

【情景剖析】

上述案例中,这家超市的火锅食才与火锅料没有相邻陈列,是导致汪奶奶找不到的主要原因。火锅食材和火锅料二者缺一不可,顾客购买时一般都会一起购买。所以超市本应将这两类商品陈列在一起。如果陈列在一起,顾客购买时就会更加方便,不用到处寻找还找不到。

所以,为了方便于顾客和商品管理,商品常常是按照分类来陈列的,朗同类别的商品陈列在一起。如果乱放一气,顾客就会像汪奶奶一样,浪费很多时间去寻找他们想要购买的商品,最后可能还找不到。

当商品合理地组合在一起时,顾客才能很容易地寻找他们想要的商品。为顾客选购商品提供方便,就是为顾客节约宝贵的时间,同时超市也能赚取更多的利润。

【老板建议】

商品陈列中,还有几点也会影响到顾客选购商品时的方便性,应该引起陈列管理人员的注意。

指示牌指引顾客购买。许多时候,顾客逐个到货架上去寻找自己想要的物品会很占用时间。如果超市多在卖场中设立几个指示牌,就可以更加便于顾客顺利找到商品所在位置。

第五章
商品布局要注意

销售能力决定所占空间面积。上货架的产品，应与其市场占有率相符，占有率最大的商品的货物位置也应该占总货物位置的大部分，所有产品的陈列应按其贡献能力来安排。

不要将不同类别的产品堆放在一起。不同类的商品堆放在一起有时会增加顾客的反感，也会影响堆放商品的销售。如洗衣粉和食品放在一起，顾客就会感觉食品被污染了，所以宁可不购买。

下面总结归纳目前比较成功的几家大型超市的商品陈列法。

关联陈列法

把不同类型但有互补作用的商品陈列在一起，称为关联陈列法，关联陈列的目的是当顾客购买商品 A 后，也顺便购买陈列在一起的关联商品 B 或 C。关联陈列法可使卖场的整体陈列活性化，同时也大大增加了顾客购买商品的件数，关联陈列的原则是商品之间必须有很强的关联性和互补性，要充分体现商品在顾客消费使用、食用时的连带性。

比较陈列法

把相同商品按不同规格、不同数量予以分类，然后陈列在一起。比较陈列是促使顾客购买更多数量的商品，事先必须计划好价格、包装量、商品投放量，这样才能保证既达到促销目的又保证超市的盈利水平。

突出陈列法

在中央陈列架前面，不影响顾客购物通道的前提下，将商品突出陈列，必须采用托盘陈列法，如中央货架间距太窄，不宜使用这种方法。另外也可拆除货架上的搁板，然后将商品堆放在下搁板上，必须采用整齐陈列法。

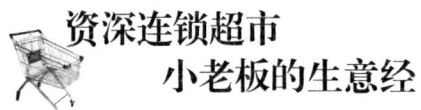

悬挂陈列法

悬挂陈列能使无立体感、不正规的商品产生很好的立体感效果，并且能增添卖场内其他陈列方法所没有的变化。

加量陈列法

这种陈列法与其他量感陈列法不同，它是岛式陈列法、整齐陈列法、落地托盘陈列法三种的组合，能给顾客造成一种特大量陈列的感觉。当附近竞争店中缺某一品种时，用同一品种量感陈列法是促进销售的最好机会。

死面陈列法

生活中的必需商品，陈列在商品各个死面（角），使顾客必须走遍全部卖场，采用落地托盘陈列法。另外在卖场内所有货架上也可采用活面与死面跳貉陈列相结合的方法提高全部商品的销售机遇等。

商品陈列是门科学，也是一门艺术，我们要通过良好的商品陈列减少库存，节约费用，提高商品周转率，通过科学陈列淘汰不良业绩的商品，腾出货架位置陈列好的商品。

第五章 商品布局要注意

饺子放在最里边，拿不到

【场景导入】

杨松与他的妻子赵晴逛街回来，来到楼下的超市准备买点饺子回去煮着吃。他俩很快便走到了放饺子的冰柜旁边。找了半天，赵晴都没有发现爱吃的那个牌子的水饺。果。突然，杨松大叫一声："你看，那不是咱们经常吃的那种饺子吗？"

赵晴顺着杨松的手看去，在冰柜的最里端，果真放着她最爱吃的那个牌子的水饺。可是，冰柜旁边放着许多箱子，自己伸出手也拿不到。于是，赵晴就让杨松帮忙拿。但是，谁知杨松也是差一点儿才能够到。

没有办法，杨松说："要不换一种品牌的吧。这种也行啊，至少能够的到啊。"

赵晴失望地说："算了，其他的都不好吃，不买了。"

【情景剖析】

超市经常想各种各样的促销方式来拉动超市的消费，激发顾客的购物欲望。对于这家超市来说，根本没有实行任何的促销方式，自己的顾客就特别想购买一种品牌的商品。但却因为陈列位置太远，只能看却拿不到，放弃了购买。这对于超市来说，不能不是一种利润的流失。

【老板建议】

超市商品陈列不是简单的堆放罗列，而是要从顾客出发，以最便捷的方式方便顾客选购商品。做到顾客眼能看得到，手可触得到。

有些超市将带有盖子的箱子陈列在货架上，顾客要打开盖子才能拿到放在箱子里的商品，十分不方便。这就不符合方便顾客手取的原则。另外，对一些挑选性强又易脏手的商品，如分割的鲜肉、鲜鱼等，应该有一个简

资深连锁超市小老板的生意经

单的前包装或配有简单的拿取工具,方便顾客挑选。

此外,最重要的是要注意商品陈列的位置,例如卖场中工作人员常常将商品随便陈列在某个地方,而到卖场购物的顾客却拿不到商品,出现案例中赵晴遇到的情况。这样,虽然超市有商品,顾客也想买,却因拿不到而不能买。

一般,超市商品的陈列要有序丰满,但不是说不留一点儿空隙,如不留一点儿空隙,顾客在挑选商品时就会感到很不方便,极有可能在顾客选购商品时造成不便。所以,商品陈列时应该在商品与上隔板之间留有3～5厘米的空隙,让顾客的手容易伸进去,方便取拿后排的商品。

下面是商品陈列小秘诀:

尽量便于顾客取货;不要让海报或陈列品被其他产品或东西掩盖,以免被竞争对手抢走销售机会;不要将不同类别的产品堆放在一起,如不要将洗衣粉和食品放在一起,以免引起顾客的反感。

尽量抢占较好的位置——顾客经常或必须经过的交通要道是第一选择;使陈列品从外面就可以被看到,以吸引顾客,运用指示牌指引顾客购买,便于顾客找到产品的位置所在。

尽量把产品陈列在接近收银台的地方,使顾客经过时或他们等待交款时可以看到;如果是弱势品牌,应尽量争取将产品陈列在第一品牌的旁边。上货架的技巧:上货架的产品,应与其市场占有率相符,市场占有率最大的占同一类货物位置的70%,所有产品的陈列应按贡献能力来安排。

尽量有效利用一切可用的空间,考虑有没有另外不同的方式来使用你的陈列辅助器材,使陈列更为突出;同时,弄清楚竞争对手在做什么,并采取相应的措施;使用相关器材以强化已有陈列,使之显眼突出;最后确定陈列与产品定位是否相符。

编者小评

超市的东西摆放以卖为主,所以摆放位置,一定是顾客可以伸手够到的地方。如果顾客摆放在顾客无法拿去的地方,那顾客也只能望而却步了,超市也失去了利润。

第五章

商品布局要注意

想买蜂蜜却找不到在哪儿

【场景导入】

小华在公司有喝蜂蜜的习惯。这天小华早上上班的时候发现蜂蜜喝完了,正好小区旁边新开一家超市,于是,小华在午休的时候便来到这家超市,想买瓶蜂蜜。

平常去超市,蜂蜜都会位于饮品区。于是,小华按照正常的购买习惯来了饮品区。可在货架上找来找去,只是看到有饮料、咖啡和茶,却不见蜂蜜。"奇怪,是不是这家超市里刚开还没有蜂蜜卖?"

这时她又想到,蜂蜜也有保健的功能,是不是在保健品货架呢?,她又来到保健品的货架处。可上下看了一遍,也没有发现蜂蜜。这时候,旁边走过一名超市工作人员,小华问:"您好,请问超市里有蜂蜜卖吗?"

这名工作人员回答说:"有啊。直走左拐处。"

于是,小华便按照这名工作人员的指示,最来到了左边货架处。果真,在那个货架上,小华看到陈列了许多品牌的蜂蜜。但一看周围的商品,都是糖果或者是零食。小华看到这些头就蒙了:"蜂蜜和这些吃的有什么关系?这超市逛起来让人真不舒服。下次还是不来了。来了也找不到要买的东西。"

【案例剖析】

上面案例中的超市的陈列是失败的。没有按照同类别商品相近陈列的准则来摆放商品,所以给顾客小华选购商品带来了很大的不便。顾客的想法是没有错误的，蜂蜜作为饮品的一种，应该陈列在饮品区。这也是大多数超市中蜂蜜的陈列位置。该超市之所以将蜂蜜陈列到了糖果零食区，不是因为对于商品陈列最基本的原则不了解。只是因为饮品区货架上没有位置，就错误地把蜂蜜放到了有空位置的糖果零食的货架上。

案例中顾客小华正好遇到了路过的超市工作人员，最终还是找到了蜂蜜。但是如果有一些顾客找不到商品，也找不到工作人员，就会放弃购买了。这样一来，不太人性化的陈列在很大程度上会影响到超市的销售。如果每天都有顾客为找不到商品而放弃购买，那么一个月下来超市会因此丢失多少利润呢？所以超市陈列一定要本着一切为了顾客方便的原则，同类别商品相邻陈列。这样就会做到顾客想买就能买到，超市的商品才能销售出去，超市才能从中盈利。

【老板建议】

在经营超市时，由于超市所出售商品的范围有一定区别，所以超市经营人员在陈列商品时，要掌握几点超市的分类原则：

（1）按不同机能，如按低热量食品、健康食品等分类。

（2）按不同季节，以季节性强的商品分类。

（3）按不同的价格将商品集中在一起进行销售的方法，比如特价商品集中在特价区销售。

（4）按不同色彩通过色彩调整突出商品、促进销售，同时也方便顾客寻找。

下面是一家超市的分类情况：

酒饮组：碳酸饮料、一般饮料、乳品饮料、啤酒、国产酒、进口酒。

冲调组：罐头、冲调食品、奶粉/调品、营养保健。

休闲组：饼干糕点、糖果/巧克力、休闲小食品、散装休闲食品。粮油组：米、厨房调料、面粉、南北干货。

日配组：冷藏腌冻食品、常温干货、冷冻食品、冰制品、外购面包。

生鲜组：热食、非热食、鱼、生鲜海产、加工调味品、蔬菜、水果类、

第五章
商品布局要注意

加工制品、家禽类、内脏类、调味肉品、加工肉品。

洗涤组：家用清洁用品、个人清洁用品、护肤品、彩妆、头饰、卫毕急救用品、纸类用品。

家居组：家用容器、餐具、一次性用品、厨房用具、洁/卫浴用品、家庭整理用具、电器配件、工具、装修用具、家私、鞋类配件、园艺/宠物食品。

文体组：音乐膨视、图书、纸品、文具、礼品、办公设备、电脑及周边设备、自行车/配件、汽车用品、体育用品。

儿童组：玩具、婴儿用品、婴幼童装（0～7岁）、童装（7岁以上）、童鞋。

针织组：内衣裤、袜子、纺织品。

家电组：大家电、家庭电器用品、厨房电器用品、美发用品、照相器材、影音设备、通讯器材、钟表/眼镜。

服装组：睡衣、女装、男装、轻便鞋、男鞋、女鞋。

总之，在陈列馆里中，无论采取哪种分类方式为商品选择分类，目的都是让顾客顺利找到自己想要的商品。所以在布置陈列时要站在顾客的角度上来布置，这样才能抓住顾客的心，增加超市的利润。

编者小评

超市商品的摆放是由一定的规则，不是随便乱放，要分号类别——摆放，这样顾客可以在第一时间找到自己所需要购买的物品，即节约顾客的时间，又可以增加更多的利润。

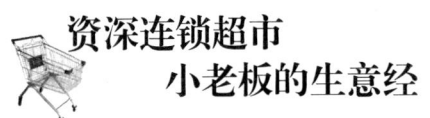
资深连锁超市
小老板的生意经

货架上的"挂羊头卖狗肉"

【场景导入】

金烨十分喜欢某品牌的牛奶巧克力。这天他来到一家超市的奶品货架旁边,想买一盒这种品牌的牛奶巧克力。可是,在货架上,只看到这个词牌巧克力的价格标签,却始终找不到自己想要买的那种巧克力。对应这个品牌巧克力的价签的货架上却乱七八糟地陈列着其他品牌的巧克力。

金烨想:"可能是其他顾客购买时挑选商品时把货架搞乱了。"于是,他找来一位超市的工作人员,问:"您好,我想知道为什么这里只有价签却没有商品呢?"

那位工作人员正好是巧克力货架的理货员,听完后看了一眼,说:"可能是顾客们挑选商品时放乱了。我给您找一下。"于是,这名理货员在另一个品牌的牛奶巧克力的货架上找到了4盒这种巧克力。金烨拿了就走了,心里却想:"这样的一个超市,货架上一团糟,有价格却对应不上商品。可见管理太不到位了。以后还是少来了。"

【案例剖析】

出现上面案例中的问题,追其责任,当然是理货员没有把工作做到位。在顾客挑选商品把货架弄乱之后,没有及时进行理货。导致顾客来到货架前,货架仍然一团糟,从而影响了顾客对超市的看法。所以,超市理货人员应该及时进行理货,保证货架的整齐。如何做到这一点呢?理货人员应该从以下几点着手:

第五章
商品布局要注意

（1）保证商品正面面向顾客，整齐靠外边线码放，方便顾客查看与挑选；

（2）保证商品与价格卡一一对应，不要出现上面案例中的情况：

（3）不补货时，通道上不能堆放库存，否则会影响顾客的通行；

（4）超市中商品具体摆放位置都是有依据的，所以理货员不能随意更改排面；

（5）现货时，发现破损／拆包商品及时处理。

【老板建议】

顾客在购商品时，如果货架上到处杂乱，顾客就会感觉超市管弹不善，是不正规的超市。所以，超市理货人员一定不要小看自己的工作。有时可能就多动几下手，而却为超市带来非常高的评价。

而且，许多顾客在购物时比较关注商品的价格。一般会先看价签再选商品。如果顾客看到了心动的价格，却找不到对应的商品，就会感到非常失落。特别是对于标有特价标志的价签，如果只有价签却沿有商品顾客会觉得超市有欺骗顾客的嫌疑。

理货人员在平时的工作中要勤动手、勤动眼，如果发现货架乱了，就第一时间去整理，不要等到顾客询问商品在哪里时才去慢慢整理，给顾客的感觉却是一种被动服务，与顾客一进超市就看到整齐的排列有着本质的不同。

顾客在超市购物时，有时会一时兴起，拿一些自己用不着的商品；或者拿了这件商品时，一会又不想要了。这是顾客就会把商品随便放在某个货架上，这样就会造成顾客找不到自己所需的商品，从而使超市失去顾客。

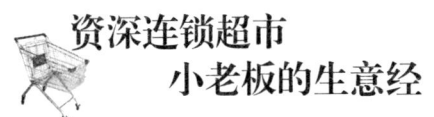
资深连锁超市
小老板的生意经

被踩了一脚的"奥利奥"

【场景导入】

一个周末,某某超市里人来人往,生意非常好。这时理货员宋强看到自己负责的饼干区的货架上有一些促销的饼干快没有货了。于是去库房中搬了两箱来准备上货。

在宋强拆开箱子,准备上货时,突然感觉脚下好像踩到了什么东西。低头一看,一包"奥利奥"饼干被他踩了一脚。他拿起那包饼干,看了一眼,好像什么也没有发生一样,随手放到了货架上,继续上自己的货。此时正好来了一位顾客。那位顾客本来是要买那种饼干的。但拿起刚才被踩过的那包"奥利奥"饼干,看了一眼,又往货架上看了一眼,嘴里说道:"就这一包了啊。还是这样的。怎么还能出售呢?"说完就离开了。

宋强这时才发现"奥利奥"饼干也剩最后一袋了,于是继续回去上货,但他仍然没有处理那袋被踩过的饼干。

【案例剖析】

从上面案例中的例子我们可以看出,这家超市对理货员的监督十分不力。所以才导致理货员宋强在工作时马虎粗心。此外,这家超市对于理货员因工作失误导致商品破损也没有一定的处罚措施,所以宋强在踩到饼干后仍然像没有发生事情一样,把商品放回原处,继续工作。这才导致了顾客后来拿到的商品是理货员踩过的商品,从而影响了超市的销售。

理货员在理货过程中,由于一次要上很多货,可能会造成对商品的损坏。

所以，超市负责人要加强对理货员责任心的培养，告诉理货员可能引起商品破损的步骤，将理货过程中的商品残损降低到最小。

【专家建议】

补货作业流程管理

补货作业是指理货尽将标好价格的商品，依照商品各自既定的陈列位置，定时或不定时地将商品补充到货架上去的作业。定时补货是指在非营业高峰时的补货。不定时补货是指只要货架上的商品即将售完就立即补货，以免由于缺货而影响销售。补货作业流程如下：卖场巡视——商品补充、商品整理——内仓取货（或货架上端取货）——标价——补货陈列。

（1）理货员在进行卖场巡视时，如不需补货可进行商品的整理作业。①清洁商品。这是商品能卖得出去的前提条件，所以理货员在巡视时手中的抹布是不能离手的，抹布就像士兵手中的枪一样重要。②做好商品的前进陈列。即当前面一堆的商品出现空缺时，要将后面的商品移到空缺处去，商品朝前陈列，这样既能体现商品陈列的丰富感，又符合了商品陈列先进先出的原则。③捡查商品的质量。如发现商品变质；破包或超过保质期应立即从货架上撤下。

（2）理货员在补货上架时的作业流程如下：①先检查核对一下欲补货陈列架前的价目卡是否和要补上去的商品售价一致；②补货时先将原有的商品取下，然后打扫陈列架（这是彻底清洁货架里面的最好时机），将补充的新货放在里面，最后将原有的商品放在前面，做到商品陈列也先进先出；③对冷冻食品和生鲜食品的补充要注意时段投放量的控制。一般补充的时段控制量是，在早晨营业前将所有品种全部补充到位，但数量控制在预定销售额的40%；中午再补充30%，下午营业高峰到来之前再补充30%。

还有就是超市平常应该加强对员工的培训，一旦在卖场中商品出现了残损，超市应按如下程序处理，以上述案例中被踩了一脚的饼干为例。

（1）发现被踩饼干已破损，理货员第一时间通报营业现场主管，现场主管再度确认是否真的无法再出售。

（2）营业现场人员确认后进行登记，一方面将破损饼干集中装箱，另一方面通知采购人员，洽谈换货的可行性。

（3）若无法退、换货，则应尽快通知财务会计部门，在税法规定濯内，向当地税务机构报备，以减免纳税；若税法未规定，则记为坏品损失。

（4）坏品销毁最好会同验收人员进行，并确实核对检查记录。

（5）营业现场主管应调查商品破损的原因，并追究相关工作人员的责任。

只有严格按照这个坏品处理程序处理类似理货员无意残损商品事件月可能将损失降到最低。同时，也会给理货员以警示，激励理货员在理货工作中细心谨慎，减少破损事件发生。

编者小评

理货员在补货时不可妨碍顾客购物，熟悉本部门商品的陈列位置及单价，按顾客要求为顾客提供服务，简单介绍商品，协助顾客购物，对本人所辖区域内的商品位置及单价都应对答如流。对顾客热情，做到百问不烦，百拿不厌，并注意体积小、单价高的商品。注意残品及时下架、及时待送地再退换区。

第五章
商品布局要注意

超市的货物都哪去了

【场景导入】

江红和同班同学周末打算去郊区春游,周六晚上她来到离她家几百米的超市中,想要买一些郊游时吃的小食品。因为是周六,超市里是人山人海。江红是费了好一会才来到副食区,想买一些牛肉干、鱿鱼丝什么的。可是,她刚走到货架前,她就不禁吃了一惊,今天是什么日子。怎么货架上都快空了。

她走进一看,许多牛肉干或是鱿鱼丝都只有价格签,货架上却什么都没有。找了半天,终于在这些空荡荡的货架上发现有一袋泡椒凤爪,她正想拿,却被旁边另一位顾客抢先拿走了。没有办法,她只能看货架上还有什么小食品,就拿什么小食品。但是自己喜欢吃的小食品的货架上全是空的。江红心里想:"这是什么超市啊?东西卖完了也不及时补充。是每天都要限时抢购吗?真耽误事,下次不来了。"

这时,又走过几位顾客,嘴里也说着:"这可买什么啊?架子上都空了,难道还买货架不成?"大家都摇摇头,表现出极大的不满。

【情景剖析】

导致上面超市情况发生的最主要的原因就是超市的理货人员没有及时补货。超市货架的容纳数量是一定的,这就需要理货人员在商品卖完之后,及时进行补充,才能使销售不会发生中断。

超市里理货员的补货可分两种:一种是定时补货,另外一种是不定时补货。所谓定时补货,是在营业高峰时段补充,所谓不定时补货,是指只要卖场商品即将售完,就须立即补充,以免造成缺货。

理货人员在补货时除了注意及时补货之外,还要注意以下几点。(1)补货时一定要对应原有商品位置,不要私自变动。

（2）补货时，先将原有商品拿下，把要补充的新货放至后段，再将原货放在前段，也就是做好先进先出。

（3）在生鲜食品补货时，应采三段式补货陈列，也就是在早上超市开门时，品种上做100％陈列，但数量仅陈列当日预定销售的40％，中午再补充30％的陈列量，下午营业高峰前再补充30％的陈列量。这样陈列是为了始终维持生鲜食品的鲜度。

【老板建议】

在超市理货员的工作中，补货是每日必不可少的。货架上的商品必须要经常、充分地满陈列。只有满陈列顾客在选购商品时才会感觉有选择空间。

有时，理货员在补货时会遇到这种情况，某种商品销售完了，虽然下了订单但却没有到货。这时，该商品的货架也不要空闲。可用销售率高的其他商品填补空缺的货架空间，但注意理货员不能求省事，而用相邻的商品来填补，除非该相邻商品也是销售率高的商品。但要注意的是，用来临时填补空缺的商品，要和相邻的商品有一个品种和结构的配比。

超市经营的事实证明，在卖场几千种商品陈列的条件下，不是满陈列的商品，其销售量往往是不佳的，而且也容易使顾客形成这是"卖剩下来"的商品的不良印象。虽然有些商品放满了货架，但由于理货员工作不到位，没有"站起来"，都躺在那里，其销售效果也会不理想。

所以，在商品销售一空的情况下，及时补货，给顾客一个商品丰富的好印象，从而可以带动商品的销售。

编者小评

在每一家商店几乎都存在畅销商品缺货的问题，造成这些问题的原因就是忽视根本。当超市的滞销商品数量越来越大的时候，超市中可供畅销商品和新商品陈列的空间就越少，因此，在超市确定最后的商品策略的时候，必须要先了解需求的变化，随需求变化设定不同的商品构架。

第五章
商品布局要注意

一盒鲜牛奶保质日期喷码"错位"的代价

【情景导入】

所谓的事件只不过是一次小小的牛奶销售中的在我们看来微不足道的事情,像这样的事情在我们不值一提,但在国外却会是另外一种状况,值得我们好好深思。

在丹麦维堡郡一家名为"斯沃托"的小型超市,每天早晨要进120盒500毫升装、保质期为48小时的新鲜牛奶。按照维堡郡食品检验署的规定,放置在超市货柜中的所有盒装鲜牛奶,盒上的醒目保质期喷码,严禁朝里"面壁",必须对外"明示",以便让消费者一目了然。

这天傍晚,理货员海伦特莎发现柜中有一盒鲜牛奶,歪倒在一边,不知是疏忽,还是大意,她将这盒距离保质期只有3小时的鲜牛奶扶起摆正,却没注意喷码朝向了里面。

一会儿,一位女士驻足在牛奶柜前,看到这盒牛奶保质期喷码放置错误时,感到诧异。她拿起牛奶盒,仔细查看,突然尖叫起来:"这是一种故意蒙骗。"

海伦特莎被这一声尖叫吓得面如土色,连连向女士道歉:"这不是故意的,是我刚才大意。"

这时,店长赶来赔不是,表示"无条件接受您所提出的任何要求,作为商量解决的办法"。这位妇女掏出手机,拨打维堡郡食品检验署的电话。

维堡食品检验署接到投诉,立即派员驱车赶到,当即决定:从第二天起,"斯沃托"必须停业一个月,全体员工必须自费到郡食品检验署参加培训。

资深连锁超市小老板的生意经

【情景剖析】

超市中的理货员看似工作较简单、普通,但他们是与顾客接触最直接人。他们的态度决定着超市的整体服务质量和服务水平,因此理货员的基础知识培训非常重要。

理货员与总台的关系:顾客所购商品发生退换情况,理货员应主动积极配合,并办理好退货或换货有效手续;总台发放赠品或促销商品时,如短缺或有其他问题时理货员应积极配合。

理货员与收银员关系:当收银员在给顾客结算时发现商品标价错误,理货员应积极协助查找原因,如自己发生标价错误应即时纠正并主动承担相关责任。在每天下班时,应到收银处收起当天顾客未结算的商品并办好有效手续。

理货员与防损员的关系:应主动地积极配合防损员做好本部门商品的防损工作,主动发现可疑人员及时报告并做好跟踪工作。发现偷窃人员应交保安处理,和保安搞好销售以外的商品出入手续。

【老板建议】

在连锁企业中,理货员不需要直接面对顾客,不与顾客进行面对面的直接交易,但其工作比传统销售企业的营业人员更加复杂。理货员工作的好坏,直接影响到连锁企业销售业绩。

补货作业是指理货员将标好价格的商品,依照商品各自既定的陈列位置,定时或不定时地将商品补充到货架上去的作业。定时补货是指在理货员每班次上岗前或非营业高峰时的补货。不定时补货是指只要货架上的商品即将售完,就立即补货,以免造成由于缺货影响销售。

牛奶的保质期很短,所以牛奶的摆放就要特别注意,即将过保质期的牛奶应马上撤离货架,这样不管是对顾客,还是对超市都是有利无害的。

第五章 商品布局要注意

9元方便面变成15元

【情景导入】

临近年关，市内各大型商场超市随处可见降价促销的信息，家住高新区春华苑的王女士在小区附近超市选了9元特惠"白象"方便面五连包，在收银台结账时，王女士发现"9元"特价商品，竟赫然标明"白象五连包15元"。随后记者在这家超市也买了同一款产品，出现了同样的情况，更让记者不解的是，"白象"方便面货品区上下摆放了不同口味有五六种，价格标签却是一团乱，贴着骨汤鸡汁面标签的位置却放了酱香味的产品，而酱香味的猪骨面竟然没有价格标签。

在这叫超市的投诉室，记者针对这一现象向工作人员提出质疑，工作人员答复称："我可以和您到卖场里去核对，如果出现这样的问题，我们可以退差价。"随后在自助价格查询器上查询，价格显示为15元，说是顾客自己拿错了产品。记者对这种回答再次提出质疑："你们的货品摆放的一团乱，标这个价格的产品却放着另外一个价格的产品，这应该是超市内部管理的问题，存在欺骗消费者的现象。"工作人员再无答复，声称可以退货。佳乐家货品部主管表示，超市将对管理此货品的员工进行处罚，也将加强对货品摆放的监管力度。

【案例剖析】

货品乱摆放，这就是欺诈、蒙蔽消费者的行为。在超市购物，很多人并不留心收银小票上的最终价格，在购买了几十元甚至几百元的商品后，很难发现这一元两元，三五角的漏洞。老百姓在佳乐家购物是信得过它们的服务，相信它们产品的品质才来的，关键的问题也不是这几元钱的，而是商家的诚信问题。

一位超市业内人士向记者透露，看似简单的货架摆放陈列，其实是"大有学问"的。如一些利润较大的商品大都摆放在和消费者视线平行的位置，这样能促进不少销售量。这样在方便了消费者的同时也加大了超市的销售盈利。

【老板建议】

商品标价要注意：标价要一致，让顾客容易看到，且不可压住商品说明文字；打标价时要确实核对进货传标及陈列处的价格卡，且不可同样商品有两种价格。

标价是指商品代码（部门别和单品别）和价格以标签方式粘贴于商品包装上的工作。每一个上架陈列的商品都要标上价格标签，有利于顾客识别商品售价；也有利于门店进行商品分类、收银、盘点及订货作业。

1. 标签的类型

（1）商品部门别标签，表示部门的代号及价格，通常适用于日用杂品及规格化日用品。

（2）单品别标签，表示商品的货号及价格，适用于生鲜食品。

（3）店内码标签，表示商品的店内码和价格，通常包括称重标签和定额标签。

（4）纯单品价格标签，只表示商品的单价。

2. 标签打贴的位置

（1）一般商品的标签位置最好打贴在商品正面的右上角（因为一般商品包装其右上角无文字信息），如右上角有商品说明文字，则可打贴在右下角；

（2）罐装商品，标签打贴在罐盖上方；

（3）瓶装商品标签打贴在瓶肚与瓶颈的连接处；

（4）礼品则尽量使用特殊标价卡，最好不要直接打贴在包装盒上，可以考虑使用特殊展示卡。

3. 标价作业应注意事项

（1）一般来说，门店内所有商品的价格标签位置应是一致的，这是为了方便顾客在选购时对售价进行定向扫描，也是为了方便收银员核价；

（2）打价前要核对商品的代号和售价，核对领货单据和已陈列在货架上商品的价格，调整好打价机上的数码，先打贴一件商品，再次核对如无误可打贴其余商品。同样的商品上不可有两种价格；

（3）标价作业最好不要在卖场上进行，以免影响顾客的购物；

（4）价格标签纸要妥善保管，以防止不良顾客偷换标签。即以低价格标签贴在高价格商品上。

有部分超市为了赚钱，把同样一种商品的贵的一种摆放在便宜一种的货架上，导致顾客在结帐时，发现价格与商品不符，这样很容易失去顾客，还令超市名誉受损。

第六章 店面规划是关键

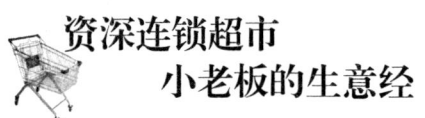
资深连锁超市
小老板的生意经

让人烦躁的背景音乐

【场景导入】

刘奶奶在周六做饭的时候发现家里的米快吃完了。于是周末，刘奶奶来到丽丽超市准备买点米回去。一进超市，刘奶奶就被超市里放出的摇滚背景音乐吵得头痛。没有办法，这家超市离家最近其他超市都不太方便。刘奶奶也只想快点买完东西，赶快走人。

来到地下二层的粮油区，只见摆放许多种大米。刘奶奶不知道每种大米的特点，不知道该选哪种。于是，叫来一名超市工作人员询问大米的情况。

这名工作人员告诉＝住说："中间的一块八毛一斤，右边的两块一斤，左边的两块一斤。如果您自己吃，最右边的就可以了。"

"什么？你再说一遍。我没有听清楚多少钱。"刘奶奶岁数大了，加之背景音乐很吵闹，所以，工作人员说的什么，他们根本没有听清楚。

工作人员只能又不耐烦地重复了一遍。

"噢，你是说中间的对吗？多少钱？"刘奶奶问。

工作人员很无奈地说："我声音很大了，您还是听不清吗？"

他这一问，刘奶奶生气了："你是说我耳背吗？你们弄得这闹腾的音乐一直唱，你说话年轻人都听不清楚，别说我们这老头老太太了。"

说完，刘奶奶大米也不买了，气呼呼地离开了。

【情景剖析】

超市里是人们购物的场所，特别是一到节假日，人来人往，非常吵杂。

第六章
店面规划是关键

于是,很多超市都会选择背景音乐来加以调节。适当的背景音乐可以调整消费者的购物心情。丽丽超市也播放背景音乐,却因为选择失误效果适得其反。

摇滚音乐是一种动感音乐,喜欢这种音乐的听众多为时尚的年轻人。而超市是一个汇集各种年龄段顾客的场所,所以,在选择背景音乐时,不能只针对一种顾客,也不能只考虑是否流行。要综合考虑各种顾客的需求。像上面案例中,丽丽超市选择的背景音乐就会让老年顾客非常反感。加之,在卖场中的超市工作人员态度不好,所以顾客一气之下什么也没买空手而去。

【老板建议】

一家超市在背景音乐需要很大的工夫,这样会为自己的超市吸引了源源不断的客流。

另外,根据时间的不同,应播放不同的背景音乐,不仅能够给顾客以轻松、愉快的感觉,还能够起到刺激顾客的购物兴趣的作用。如在刚开始营业的早晨播放欢快的迎宾曲;临打烊时,播放轻缓的送别曲;在气候变化时播送气温提示,为顾客提供气象服务等。

鉴于背景音乐的作用之一是为抵消超市内的噪声。所以,背景音乐要选择旋律轻柔舒缓的,以营造温馨的气氛,不要播放节奏强烈的打击乐、迪斯科等,以免影响顾客情绪,打乱员工的工作节奏。最后,还要注意背景音乐音响的大小要适中,不要分贝过大,一般在60分贝以下。过大的分贝也会让顾客感到过于吵闹。

下面是一家超市的背景音乐方案按季节分四大部分。

春季篇:淡妆浓抹总相宜

背景音乐风格:摇滚乐、节奏乐曲。

营造氛围:简单,活跃,流行。

说明:营造一种意味深长的情结。

推荐音乐:《玫瑰之约》、《小手拉大手》、《情非得已》。

夏季篇:天涯何处无芳草

背景音乐风格:吉他,新世纪音乐。

资深连锁超市小老板的生意经

营造氛围：清新，凉爽。

说明：如果有种清凉干净的旋律回响耳边，未尝不是一种享受。推荐音乐：《我要飞》、《绿袖子》、《雨滴》、《小夜曲》。

秋季篇：秋水共长天一色

背景音乐风格：钢琴，电子琴，手风琴。

营造氛围：浪漫，奔放。

说明：不再故作深沉，深沉其实不是这个季节的本质。

推荐音乐：《爱的罗曼史》、《少女的祈祷》、《梦中的婚礼》。

冬季篇：她在丛中笑

背景音乐风格：长笛、吉他、手风琴。

营造氛围：减压，温暖。

说明：降噪减压好音乐。

推荐音乐：《登山歌》、《哈巴涅拉舞曲》、《幽思》等。

超市作为一家门公共购物场所，来这里购物的人有：老人、儿童、学生、上班族等等。而且随着季节的变化，人的心情也会产生变化，超市因根据，不同时期选择不同的背景音乐，这样会使顾客感到心情愉悦，从而增加营业额。

第六章

店面规划是关键

这灯光也太暗了

【情景导入】

某某超市营业面积为400平方米,位于公司聚居区的主干道上,附近有许多大型商场和同类别的超级市场。营业额和利润虽然还过得去,但是与同等面积的商场相比,还是相差很多。

为此,超市的老板专门询问了一下经常来超市的几位老顾客。经过询问知道,老顾客们都普遍反映对超市的购物环境不满意,尤其是超市的灯光。超市里的灯光暗淡,优质商品放在这种背景下也会显得质量差、档次低。而且许多顾客还反映因为卖场中的光线太暗,所以顾客有时都看不清是什么商品,只能离近了才能看清楚,买个东西太费劲了。

找到了自己超市的不足之处,为了提高竞争力,赵老板痛下决心,拿出一笔资金对超市购物环境特别是照明系统进行了彻底改造。整修一新开业后,立刻见到了效果,头一个星期的销售额和利润比过去增加了一倍多。赵老板不禁感叹到:"超市差点就毁在这灯光上。"

【情景剖析】

顾客去超市购物,前提是首先要看得清楚商品。不管超市里有多少好东西,如果顾客看都看不清楚,又怎么可能去购买呢?

有的时候,同样的一种商品,放在批发市场和放到大商场中就会感觉就是两种商品。这其中的原因就是环境的映衬,在这其中大商场的灯光起到了不可小视的作用。从这一点可以看出,无论超市的商品质量包装多好,都需要光线照出来。试想一下,就算是一瓶上千元的香水,放置于超市光线昏暗的角落里也不会引起顾客的注意。

资深连锁超市小老板的生意经

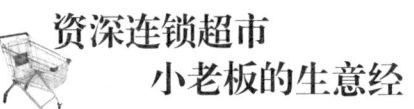

【老板建议】

超市内的照明非常重要。灯光可突显超市所陈列的商品的形状、色彩、质感,吸引顾客注意,让顾客对于所看到的商品更有好感。所以,要想经营一家赚钱的超市,就要在灯光设计上下足工夫。

众所周知,白炽灯光耀眼而显得热烈,荧光灯柔和,超市在选用时应该两者并用。对于冷色的商品,最好选用荧光灯,而对于暖色的商品适合用白炽灯突出商品的鲜艳。例如:服装、化妆品、蔬菜、水果等宜使用白炽灯。

在超市整体照明方式的选择上,要根据超市的具体条件配光。

(1)大型超市:宜选择直接照明,光源垂直往下或直接照在陈列商品上。

(2)中小型超市:宜选择间接照明,又称建筑化照明,是将光源隐藏在天花板、墙壁内,借着反射的亮度照明的方式。

(3)小型超市:宜选择半间接照明,利用托架照明、垂吊照明之类的器材,借着天花板、墙壁,利用反射光源照明。

此外,还需要注意光照对超市内商品造成的损坏。有时候,当顾客拿起商品时会发现商品有些部分已褪色、变色,这不是商品本身一开始就这样,而是由于长时间的强光照射导致。这样不仅商品失去了销售的机会,同时也使超市的信誉大打折扣。因此,为防止因照明而引起商品变色、褪色、变质等类似事件的发生,在平时应经常留心以下事项:

(1)商品与聚光性强的灯泡之间的距离不得少于30厘米,以免光线的热量、灼烧导致商品褪色、变质。

(2)由于食品在短时间内容易变色、变质,所以要远离电灯。

(3)许多灯具随着使用会越来越暗,而且也会增加耗电量。这时候,要及时进行更换,以免,影响正常的经营。

编者小评

一家超市想要赚钱,那就是把商品卖出去。而来超市购物的顾客,就成为这些商品的潜在客户,但是如果顾客连商品的样子都看不清楚,那顾客就没法选择商品,超市就赚不了钱。

第六章

店面规划是关键

超市里的卫生间在哪里

【场景导入】

张小姐有一次带着小外甥去丽华超市购物。突然,小外甥闹着要去卫生间。张小姐急忙给小外甥找厕所,但是找来找去,却怎么也找不到卫生间的踪影。超市里到处是各种打折促销的牌子,却看不到卫生间的指向标。

这时,走来一位超市工作人员,张小姐忙问:"您好,请问超市卫生间在什么地方啊?小孩子想上厕所。"

那名工作人员看了张小姐一眼,漫不经心地说:"我们这没有顾客卫生间,你带着孩子去外边上厕所吧。"

张小姐一听就来气了,问道:"那你们平时去哪里上厕所?"这名工作人员说:"我们有自己的员工卫生间。"

这时,小孩子在旁边又哭又闹,张小姐就恳求地对那名工作人员说:"你看,小孩子坚持不住了。要不,您就带他去吧。出去实在不方便。"……几经周折,张小姐终于带领自己的儿子走进了这个员工专用卫生间。这个卫生间内设五小间,却不能为购物者打开方便之门。

走出卫生间,结完账,张小姐非常生气。一想到这么大一个超市,竟然连卫生间都没有,只有员工卫生间还不能随便使用,她就发誓以后再也不来。

【情景剖析】

顾客去超市购物,有可能需要"方便"。如果一家超市把卖场布置得富丽堂皇,却没有卫生间,或者是有,顾客却找半天找不到,会非常影响顾客购物的情绪和对超市的看法。而且，卫生间作为超市的一个不可缺少的附加服务，其设施的完善与人性化服务能够反映出一家超市的管理水平和文明程度。一家卫生间都能管理好的超市，它的商品管理肯定也会让顾客放心。

所以，在经营超市时，对卖场进行设计的时候，一定不可忽略这项辅助设施——卫生间的设计与安排。不仅要在超市内专门开辟卫生间，而且在卖场中也要对卫生间进行明显的标牌指示。让每一位在超市购物的顾客都可以第一时间找到卫生间，不要让卫生间服务毁了超市的形象。

两头都设有卫生间指示标识，顾客只要站在通道处，就能很方便地知道卫生间的方向，不用询问工作人员。

【老板建议】

经营一家超市，除了注意卖场和商品管理，在筹备初期的店面设计中，一定不可忽略卫生间这种辅助设施的规划与建设。国家法律规定：面积在1000平方米的超市，内部必须有卫生间。试想，当顾客在购物时想去卫生间，而工作人员却告诉顾客只能先结完账去外面的公共厕所，对顾客来说是一种什么感受？

60％的顾客下次再购物时都会选择别家超市，所以，在超市开辟卫生间必不可少。

其次，有了卫生间，良好的标示也必不可少。超市商品再全，设施再完备，也需有指示顾客才会知道。

编者小评

俗话说：人有三急。如果顾客在超市购物时，突然想要去卫生间，找遍整个超市却发现没有，工作人员告诉顾客只能结帐后去外边的公共卫生间，这样结果就是，顾客下次购物时，绝对不会在来这家没有卫生间的超市。

第六章 店面规划是关键

莫名其妙成为小偷

【情景导入】

一天晚上,王总发现公司的办公物品没有了,于是派自己的秘书芷若到附近的超市购买。当选好签字笔、塑料垃圾桶、纸篓等商品后,芷若便走近路从一个当时没人通行的出口走了出去,在门口处向工作人员询问在哪里交钱。这时两个穿便装的保安追了上来,嚷着说他偷了东西,将他强行带到超市的保安室。

在保安室里,两个保安不给他任何解释的机会,便要他为手中拿的价值44.4元的商品交50倍2220元的罚款,同时不让他向外打电话。芷若第一次碰到这种场面,非常害怕,差点就哭了出来。他被迫按保安的要求在那张纸上写了自愿赔偿等字样。随后,保安抓住他的手在询问记录上按了七八个手印。一个多小时后,才还给他身份证让他离开超市。

芷若回到公司后把整件时间告诉了王总,王总二话没说立刻给派出所报了案。在警方的调解下,超市向芷若退还了罚款,并被告诫停业整顿一个月。

【情景剖析】

超市应该开通无购物出口,并且在出口处应该有个提示并安排人值守。对于不熟悉超市布局的人来说,无购物出口在什么位置并不一定清楚。芷若不了解超市的格局,将无购物出口当成是正常的通道,以至于被超市当成是小偷,。其实只要超市在店面设计中加入一些标示性的元素,这样的误会完全可以避免。还有超市不分青红皂白就强行罚款,结果造成停业整顿,得不偿失。罚款作为一种行政处罚,应由特定机关在符合有关条件时依法定程序做出。无论芷若的行为是否构成盗窃,超市都无权对其处以50倍金额的罚款。超市的行为已经严重的违反了法律法规。

【老板建议】

除了无购物通道不够外,一些超市还存在无购物出口标识不明显的问题。其实,这已经成为普遍现象。超市的设计首先要考虑顾客的购物环境需求,要始终坚持以便利顾客、服务大众为宗旨。

北京市政府就曾发文规定,建筑面积在1000平方米以上或者地下建筑面积在500平方米以上的商业零售单位,收银区的宽度在20米以下的,应当至少设置1个无购物出口;宽度超过20米的,每增加20米,至少增加一个无购物出口。否则将被处以最高2万元罚款。

还有就是超市作为一个企业法人,本身并不具有刑事侦查权,也不具有行政处罚权。在发现超市顾客涉嫌盗窃时,不应"私设公堂"进行"审讯","发现事实真相的任务属于公安机关,超市一方不能越俎代庖"。

编者小评

随着零售业的飞速发展,超市的经营面积越来越大,对不熟悉超市购物环境的顾客来说可能会"迷路",超市不能抓住顾客不熟悉超市购物环境,而大做文章,结果自能是自食其果。

第六章
店面规划是关键

货架旁边的金属梯

【情景导入】

一个周六吃过午饭后,陈阿姨想到儿子晚上要带女朋友回来吃饭,于是就去楼下超市购物。来到超市,不一会就买好了,这是陈阿姨想起家里没有酱油了,就准备买一瓶酱油,没想到来到调味区,这里的人特别多。陈阿姨来到最里头的货架想拿一瓶酱油。这时,一位顾客推着购物车过不去了,陈阿姨于是走到一边,本想为这名顾客让出过道,谁知陈阿姨没有发现,一个高大的金属梯立在货架的一边。陈阿姨往边上一靠,正好碰到金属梯,金属梯顺势向陈阿姨这边倾斜过来。

周围的顾客看到这个情景都大吃一惊,不禁为陈阿姨捏了一把汗。幸亏陈阿姨反应灵敏,左臂一伸,挡住了金属梯,没有让它倒下来砸倒任何人。但是,陈阿姨的左胳膊还是被划破了一道口子,顿时就有血流了出来。

陈阿姨非常气愤,大声嚷着让超市给个说法。超市负责人走过来了解情况,连忙给陈阿姨赔不是。陈阿姨生气地说:"你们超市怎么回事,这种东西随便就放到过道上。我还好,要是下次来个小孩子走过,还不出人命啊。"

超市负责人听陈阿姨这么一说,也认识到了问题的严重性。于是,对陈阿姨说:"您放心,我们一定对相关工作人员做出惩罚。至于您的伤,我们会给您付医疗费的,而且今天您在超市购物我们为您打8折,您看如何?"

陈阿姨听了,也就没有再追究。但是周围的顾客们看了刚才的情景却胆战心惊,都觉得这家超市存在很多安全隐患,以后还是不来为妙。

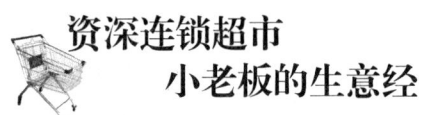

资深连锁超市小老板的生意经

【情景剖析】

超市中的商品很多，货架也很多。有时理货人员上货退货时需要用到梯子。但是，梯子用完后一定要第一时间撤离卖场。否则，梯子本身就会是一种安全隐患。一方面，梯子放到货架前面会影响到顾客选购商品，另一方面如果顾客多时，靠近梯子的顾客还会遇到陈阿姨一样的危险。上面案例中，虽然超市负责人给了陈阿姨一定的补偿，陈阿姨也没有再追究这件事，但是，对于其他的顾客来说，超市的安全是存在隐患的，他们就不会在超市里放心购物了。

除了梯子，其他的装卸工具也最好不要出现在卖场中，卖场就是顾客购买商品的地方。出现这种工具类的东西，一方面对于顾客的人身安全造成威胁，另一方面也不美观。这就需要超市工作人员工作之后，及时清理工作现场，不要将自己的工具随便遗弃在卖场中。

【老板建议】

超市应加强对障碍物的管理，所谓障碍物是指与购物无关、阻碍购物或存放不当的物品。如在消防通道的梯子、销售区域的叉车，甚至散落在通道上的卡板、商品等，都是障碍物。障碍物的正确处理方法是消除各种危险、不安全因素，使物品放在适当的区域而不脱离员工的控制范围。

作为一家超市，内部物品的摆放，特别是一些与购物无关的东西，不要摆在购物场所内，以免对顾客造成不必要的伤害，这样对超市也会造成一定的负面影响。

第六章 店面规划是关键

频繁移动的商品

【情景导入】

邓大妈经常在自己家小区旁边的一家超市买东西。最近这两天她遇到了烦心事。前阵子有时间没去超市了,再去时,却发现超市货物的摆放的位置变了。邓大妈找了好半天才找到自己需要的东西。过了一个礼拜后,邓大妈再去超市,发现超市的货物位置又变了,于是邓大妈到服务台提意见,说货物的摆放位置变来变去无故增加超市成本也不利于顾客购物。前台解释说,这一段时间超市的管理层一直在变动,每位经理都有想法,所以货物的摆放位置也变来变去。对于邓大妈的意见,他们会认真考虑并通报上去的。

【案例剖析】

从顾客的角度来说,商品摆放相对固定的位置,再次光顾超市时,可减少找寻商品的时间。但从商场角度来说,长期固定超市货物摆放位置,容易使顾客失去对其他物品的注意力,并且产生一种陈旧呆板的感觉。

因而在商品摆放一段时间后,调整货物摆放地方,使顾客在重新寻找所需物品时,受到其他物品的吸引,同时对商场的变化产生耳目一新的感觉。不过,如果货架摆放的改变过于频繁,会引起顾客反感,认为商场缺乏科学化管理,混乱不堪,使顾客产生烦躁的心理。

【经营反思】

良好的商品摆放,不仅能为消费者提供方便,还能拉动超市商品的销

资深连锁超市小老板的生意经

售额。对于超市管理者来说，要懂得商品摆放的艺术。

从左至右法则。一般来说，顾客进入商场后，眼睛会不由自主地首先瞄向左侧，然后转向右侧。这是因为人们看东西是从左侧看向右侧的，即习惯性地看左边的东西，安定性地看右边的东西。利用这个购物习惯，将引人注目的物品摆放在商场左侧，迫使顾客停留，以此吸引顾客的目光，充分发挥商场左侧方位的作用，变不利因素为有利因素，促使商品销售成功。而在人们的心目中，右方是安全的、稳定的。所以，商场的经营者可充分利用这一特征，凭借商品摆放的不同位置，给顾客以不同效应，最大限度地吸引顾客的注意力。

相对固定、定期变动。商品的固定与变动应是相对的、适应的。一般一年变动一次为宜。

"左邻右里"相关联法则。摆放在超市入口附近的商品都是些俗称"冲动性购买"的商品，就是消费者一看就容易手痒痒的商品。超市把生鲜食品摆到最里面，那些家庭主妇们要买生鲜食品就要穿过其他商品区，这一过程就会增加她们的消费量，从而带动别的商品销售。

编者小评

超市商品的摆放，关系到顾客选购商品是否方便。如果超市频繁的给商品换位置，就会使一些经常出入超市的顾客"找不到北"，从而影响到顾客的购物时间，所以，超市商品摆放不能经常的换取位置。

第六章

店面规划是关键

货架上堆积如山的箱子

【情景导入】

崔子琦和王伟杰是刚入大学生活不久的新生,一天下课的时候他俩一起来到学校的一家超市买日用品。二人一边说话,一边向推车里放置自己喜欢的商品。忽然,崔子琦一抬头,吃了一惊,对王伟杰说:"你看超市的货架顶层上堆积了那么多大小不一的纸箱,最高处的纸箱都一直堆到屋顶。万一箱子砸下来怎么办?光顾这里的可都是学生啊!这样谁还敢来这里买东西啊?"王伟杰也随声附和道:"是呀。我才记起来,我听一位学长说过,他曾经在这里做过兼职,就被这种堆积的纸箱砸到过。"这时正好走过一名超市员工,崔子琦走上前去,耐心地说:"您好,请你告诉你们负责人,为了学生的安全,同时也为了你们员工自己的安全,不应这样在货架的顶层过高过多地堆积商品或纸箱。现在是没有发生意外,如果哪天发生意外了,我看你们的超市也别开了。"在场的员工听了都面面相觑。

【案例剖析】

"安全第一"是每个超市工作人员心中必须牢记并在实际工作中体现的定律,要为顾客创造一种舒适安全的购物环境。这种头上处处是摇摇欲坠的商品的超市,让顾客在购物时总担心会被忽然掉下来的商品或纸箱砸到,又怎么能安心购物呢?

而且,在卖场商品或纸箱堆放过高也会影响美观,在货架顶端堆放过于厚重的纸箱或商品,会给顾客一种拥挤的感觉。从而使顾客在购物时感觉到压抑。

资深连锁超市小老板的生意经

【老板建议】

究竟如何摆放货架上方的存货或者纸箱呢?

首先,如果在货架上方摆放商品,必须按照商品类别、品种整齐摆放,同时尽可能做到与货架展示商品对应摆放。同时,要注意商品放置的安全性和稳定性。摆放时不应过高,不得遮挡墙上装饰用的条形码。还应注意防压、易碎商品摆放在上,对于体积大、重量大的商品摆放在下。这样可以有效减少因超市自身原因造成的商品残损,有效节约成本。

无论是消费者直接从货架上选择产品还是通过营业员之手形成的销售,商品的货架管理都是十分重要的。

足够的货架位置可以有效减少脱销现象,减少因为脱销给客户和消费者带来的不良影响,减少客户及公司因为产品脱销所带来的直接利润损失;对消费者而言,良好的货架管理可以帮助他们比较和选择,帮助他们迅速发现所需的目标;而且,因为良好的货架陈列,可以帮助产品建立品牌形象。足够陈列面积的标准以陈列7~10天的正常销售量为好,否则会造成经常需要补货的现象,如果工作中哪一个环节出现问题,就极容易出现缺货的情形。如果需要比较大的陈列量配合销售量,那么选择一个额外的比较大的位置显然也是十分必要的。

在进行产品的货架陈列时,要注意不同类别的产品集中摆放,尽量做到分门别类。如果产品是水平方式摆放,那么同一品牌、不同规格的产品应该在两边摆放;如果是垂直摆放,那么同一个品牌、不同规格的产品应上下摆放。这样陈列的目的是为了建立一个巩固的品牌封面,强化品牌的视觉冲击力。

货架陈列中的黄金位置是以消费者视线为中心来决定的。在中国市场,黄金位置是以中国家庭主妇的平均身高155CM为基准,离货架约70~80CM的距离,最佳范围是以视线下20度的地方为中心,向上10度和向下20度之间的区间。最适合顾客拿取的高度是75~125CM之间,比较适合顾客拿取的高度可以扩大到60~150CM之间;陈列的高度极限为上方在150~170CM之间,下方在30~60CM之间。有的时候,产品摆放过低,虽然有存货在货架上,但是会形成通常所说的"视觉上的脱销",这种情况与实际的产品脱销,本质上没有差别,都造成了经营上的损失。

第六章
店面规划是关键

在进行产品生动化陈列的时候，销售人员要始终注意，竞争品牌在货架上必定有其相应的陈列位置，正确的选择是：没有必要（也很少有可能）把竞争品牌撤离货架，而应该是争取到比竞争品牌更有优势的位置，陈列面积至少应与产品的市场占有率相当。

> 超市理货员为了方便，喜欢把商品和纸箱都放在货架上，这样就导致货架上的物品堆积如山，如果一个不小心，物品掉下来就会把来超市购物的顾客砸伤，告诫超市不要为了省事而造成顾客的损伤。

一个垫板让超市付出代价

【情景导入】

2007年9月17日晚，阳阳随妈妈到一超市购物。她在玩具货架前行走时，被货架下一个突出垫板绊倒，头一下子就磕在地板上，顿时血流了出来，阳阳的妈妈立刻送孩子到了医院一查，发现是：前额磕了一个大口子，并造成中度脑振荡。阳阳父母随后与超市进行交涉，对方表示没证据证实阳阳在超市摔伤，并拒绝出示相关监控录像。协商未果后，阳阳父母将超市诉至法院。

法院审理后认为，超市对其经营场所负有安全保障义务。事发处是儿童玩具货架，商家应当具有较高的注意义务。从后来监控录像显示来看，超市货架下垫板突出25厘米，对儿童行走造成阻碍。法院认定超市未尽合理范围自的安全保障义务，应对阳阳受伤承担相应的赔偿责任。

判其向阳阳赔偿医疗费等三万多元,并让其停业整顿一个月。

【案例剖析】

超市经营形态的演变以及消费者购物习惯的改变,使得超市已经成为现代人购买日常生活用品的主要场所,尤其是在节假日和每天的购物高峰时段,顾客更是络绎不绝。既然超市是人流聚集的公共场所,经营者对于超市安全上的防范自然是责无旁贷。

一家良好的超市除了满足消费者的购物需求之外,还要为消费者提供一个安全舒适的购物环境。一个安全管理良好的卖场可以让消费者以最轻松的心情达到购物和休闲的双重目的。从消费者踏进超市的营业区域那一刻起,经营者就必须保障消费者生命财产安全。不安全的超市陈设容易使顾客在购物区域活动时发生意外事故,因此需要特别留意。

【老板建议】

超市在进行卖场陈列安全管理时,需特别注意以下事项:

(1)货架装设安全。货架摆设的位置不当、不稳固或是有凸角等都可能使顾客在购物时发生意外事故。

(2)货品陈列安全。货品陈列过高或是摆放不整齐时,容易因地震或人为碰撞而使商品倒塌或掉落,造成顾客或员工的意外伤害。

(3)卖场装潢安全。超市经营者为了吸引消费者,往往在装潢上进行相当大的投资。但在追求美观的同时,还必须注意安全性。

(4)地面安全。地面湿滑或有水渍时,若未能立即处理,也会造成顾客在行走时滑倒受伤。

超市作为一家购物场所,每天前来购物的人会很多,这就要求超市在货架摆放,内部装修等方面,一定要做到安全,这样顾客才能放心购物。

第七章 销售需要一个好策略

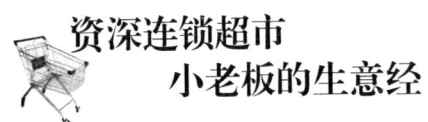

资深连锁超市
小老板的生意经

输赢就在一块钱上

【场景导入】

安惠超市刚刚开业的时候,整条街道就这一家超市,所以附近小区的居民和路过的路人都选择来这家超市购物。加之这家超市的服务态度和商品价格都还可以,因此,自开业以来一直就是顾客多多。但就在前不久,这条街道上又新开了一家超市,这家超市于是便成了安惠超市的主要竞争对手。自从这家超市开业以来,安惠超市的老板发现前来自己超市购物的顾客逐渐减少了。许多本来是自己超市的老顾客却出现在了这家新开超市的门口。

安惠超市的老板心里想:难道这家超市比自己的超市服务或者促销做得好?于是便决定晚上去"一探究竟",傍晚,他亲自走进这家超市,假装顾客,以解自己的疑惑。进了超市,安惠超市的老板推着购物车,想先去日常用品货架找一下不同。走到放置洗发水的货架前,他只看货架摆设,没有发现有什么差距,再大体看了一下商品种类,也差不多一样。于是,安惠超市的老板就低下头来看了这家超市的价签。一下子,他全明白了。原来,"对手"超市的许多日用品都比自己超市便宜。但是,却没有便宜多少。比如:安惠超市卖30元的洗发水,这家超市卖29元;安惠超市卖50元的晚霜,这里超市卖49元。后来,安惠超市的老板又去了其他商品的货架。他发现这家超市的大多数商品都比自己商品便宜1块钱左右。他怎么也想不到,只是1元钱的差距,就让自己的顾客去了他家。

第七章
销售需要一个好策略

【案例剖析】

在上面案例中,安惠超市输了,而"对手"赢了,"对手"赢在了巧妙定价上。对于顾客来说,同样的商品,如果标价30元,客人的心里感觉是"这件东西要30多块钱"。而如果标价是29元,客人的心里感觉是"这件东西才不到30块钱"而且这一元钱用的恰到好处。所以,虽然只有1元钱的差距,但对于顾客来说,就会感觉在定价为29元的超市购物就得了很大的便宜。

超市商品的定价是一门艺术。商品一样,也会因一点儿小小的定价差别,而生意大不一样。所以,超市经营人员在为自己的商品定价时,要做一名心理专家,了解顾客的真实想法。只有做到这一点,才会利用顾客的心理,不用投入多少成本就会赢得回头客,赚得盆满钵满。

【老板建议】

一位资深超市老板曾说过:"以前超市的许多商品都定价为整数,本以为这样可以方便顾客购买,也容易记住价格。但是,这种经营效果并不好。以前他经营的超市里一袋三连包的面巾纸,定价在15元,但是每天销量却没有多少,买的最好的时候也只有三十几包。后来他把它价钱改成17元,反而一天能卖到八十多包。后来他就总结经验:15和17哪个大,当然是17,但给顾客的感觉不是那么绝对,15元给顾客的信息是:这个商品15块钱,不便宜;17元的顾客的信息则是:这个商品价格适中,还不到20元。而7也是一个好的定桶策略,比如57元,会给顾客55或者56元的感觉,而如果加1元到58元,稍好像贵出好多,仿佛60比59贵好多一样。"

除了上文的两种定价方式外,定价的技巧还有很多,超市经营人员可以参考。

特价标注

许多超市的店门口经常会有"开业特价"、"店庆特价"、"限时特价",并张贴一些有代表性的特价商品的图片,这就是一种特价定价法。顾客一

资深连锁超市小老板的生意经

看到某种常见的商品这家超市比别家超市便宜，在利益驱动下就会走入超市。所以，这种特价定价法，有利于吸引客人前来消费，也对其他商品的销售有拉动作用。

折扣定价法

许多超市对于销售的商品根据顾客购买的商品数量的多少，给予顾客不同的价格折扣。如一家超市曾经对自己超市内的饺子实行这样的折扣策略：当顾客只买一瓶袋饺子时，为8.5元一袋；如果买两袋的话，那么第二袋的价钱就是前一袋的一般。这种定价方法，就会吸引顾客购买时直接买两袋，从而拉动超市这种商品的销售。

吉祥数字定价法

许多中国人讲究吉祥和运气，所以超市可以利用这一心理进行定价。比如在定价中选择带"8"的数字，表示"发财"，"6"则表示"顺利"，"9"表示"永久"等。用这样的吉祥数字可以吸引图吉利的顾客来超市购买这类定价的商品。所以很多超市每逢节假日的时候，就会推出定价："66"、"88"、"999"、的大礼包来吸引顾客，这招屡试不爽。

价格，是每一位走进超市的顾客最关心的事情。顾客在选购商品的时候，价钱是他们决定是否购买的主要因素。所以，价钱的多少决定着超市顾客的多少。

第七章

销售需要一个好策略

促销结束了，价签却没改过来

【场景导入】

小孙周末去超市购物，结帐完毕之后，发现有些商品价签上的价格与电脑收款的价格不符。于是他便向收银员咨询为什么会是这样的。收银员看了一下他的小票说："你说的那些商品是前段时间促销商品，现在已经调回原价了，只是还没来得及换标签。"小孙听了非常郁闷，这不是欺骗顾客吗？我正是因为这个价钱才买的，超市太不注重顾客了，以后再也不来这里购物了。

【案例剖析】

商品价签是超市提供给顾客最直接的商品信息，因此，价签的内容一定要准确无误，它包括条码、名称、价格、规格、产地、等级等数项内容。一种商品如果没有明确的价格标识，就很可能失去一些随机性的交易机会。因此，超市在商品销售过程中务必做好价签的管理。否则，超市就有欺骗顾客的嫌疑。无疑会对超市的形象造成恶劣影响。上面案例中的这家超市就是因为没有及时的更换价签，而造成顾客的不满。从而失去客户。

【老板建议】

超市在商品价签管理上出现问题最多的就是丢失、价货不符等，就如前段时间北京某超市的价签与收银不符，而被曝光事件。所以价签标记的正确关系到一家超市的名誉。造成价签与商品不符的原因有很多，如有的是因为商品新上架、移换位置等，没能及时把价签贴上或移换，造成有货无价或有价无货等现象；有的是因价签破损没能及时发现并更换等。另外，还有相当一部分是人为造成的。那么，如何做好商品价签管理主要应做好以下几项工作：

第一，新商品进入超市时必须由相关部门将商品报告单录入，同时把价签清晰印出来，然后将打印好的价签交到商品部专门负责人手中，告知这批新商品的进场日期，并让其签收，明确责任。由专人负责妥善保存，并及时张贴。

第二，每位理货员在每天下午下班前1小时把自己负责区域内的所有价签检查一遍，如有丢失和破损的，将条码统计好交到专门负责人手中，由专门负责人统一交到相关部门打印，然后取回补齐，以保证每天营业时价签的完整和准确。

第三，如果商品价格有变动，需要更换新的标签，相关部门应把做好的一份变价单连同新的价签交到专门负责人手中，并确切告知生效时间并及时更换。

第四，促销商品的特价价签。由相关部门把做好的促销单交由美工部制作特价标签，然后把促销单和特价标签一起交到专门负责人手中及时张贴。

第五，生鲜区的价签由于价格变动多并且快，几乎每天都有，情况比较特殊，所以要把生鲜商品价单的其中一份直接交给生鲜部员工，以便及时在生鲜区价格板上改换。

第六，加强防损职能。超市应把价签视为商品完整的一部分而加强管理。如果发现有破坏或偷窃价签的行为，应严肃处理。

编者小评

超市为了增加营业额，往往会举办一些促销活动，会把一些商品降价出售来吸引顾客购买。但是有的时候促销期过了，价签却没有换过来，这样容易误导顾客，导致不必要的麻烦。

第七章
销售需要一个好策略

不是价钱的问题

【场景导入】

魏经理最近有点上火,因为不知道什么时候超市所在的大街一下子新开了两家超市。而自从那两家超市开业以后,他超市里的顾客是一天比一天少,有许多老顾客都不来了,选择去新开的超市购物。一位工作人员给魏经理出主意:"经理,咱们的商品并不贵。咱们可以把平时热销的商品和价格做成海报贴在超市外面,说不定顾客一看咱们的商品价就会来了。"魏经理没有其他更好的主意了,只好选择了这种方式。

但是,商品和价格的海报张贴在超市外面之后,效果并不明显,很多顾客只是看看海报,便走开了。这样的海报好像并没有打动多少顾客。

一天,魏经理和一位多年的回头客聊天,聊到了最近生意不景气,郑经理就问那名顾客见到超市门口的横幅没有。

那位回头客点了点头,说:"不知道你们挂它在那里是什么意思,也没有优惠啊,商品价格和以前一样。"

魏经理说:"我们只是想让路过的人知道我们的商品价格并不高。"

那位回头客笑笑说:"呵呵,这条街道上新开的两家超市价格也不高啊。你们的商品价格和那两家差不多。而他们却是新开的,有句话叫:'外来的和尚好念经'。所以,很多顾客在商品价格一样的情况下,宁愿去新开的超市啊。"

魏经理听了犯愁了,他盘算着:按照成本算得的商品价格已经是最低的了,如果再降价,除去人力资本和各种费用,不但赚不了钱,有可能还会赔钱。

资深连锁超市小老板的生意经

【案例剖析】

在上面案例中,魏经理的超市真的没有办法再吸引顾客了吗?当然不是。魏经理一直陷入一种思维,那就是所有的商品价格已经最低,不可能再低了,再低就赔钱了。但是,如果想要吸引顾客来超市购物,非得要全部的商品都降价吗?当然不用。其实只要选择几种顾客经常购买的物品,对其进行降价,从而将顾客吸引来,目的就达到了。

现实生活中,很多超市的门口都会出现类似"刚出炉的烤鸡9元/只"、"畅销小说10元/本"、"××牌饮料1元/听"、"新鲜鸡蛋3.8元/斤"等告示,这些超市正是选择了顾客生活中必需的商品,对其打出吸引人的价格,使顾客看到这种心动价格便会走进超市,这也正好中了超市的"价格诡计"。一般顾客走人超市,除了必不可少的要购买招牌商品之外,还会顺便购买其他的商品,于是超市表面上的损失就通过顾客的消费弥补回来了。

【老板建议】

现在超市中最有效的商品定价法就是:市场营销学上所讲的"晕轮效应"定价法。这种定价法的原理在于,店家将一种顾客关注率较高的商品价格定得很低,甚至低于成本来出售,以此产生"晕轮效应",使得顾客爱屋及乌,产生对该店商品价格低的整体好感,从而促使店家的荣誉度不断提高,顾客盈门。

晕轮效应,又称"光环效应",属于心理学范畴,是指人们对他人的认知判断首先是根据个人的好恶得出的,然后再从这个判断推论出认知对象的其他品质的现象。如果认知对象被标明是"好"的,他就会被"好"的光圈笼罩着,并被赋予一切好的品质;如果认知对象被标明是"坏"的,他就会被"坏"的光圈笼罩着,他所有的品质都会被认为是坏的。这种强烈知觉的品质或特点,就像光环一样,向周围弥漫、扩散,从而掩盖了其他品质或特点,所以就形象地称之为光环效应。

下面是几种常用的定价方法:

第七章

销售需要一个好策略

高价法

高价法又叫做取脂定价法,即在新商品开始投放市场时把价格定得大大高于成本,使企业在短期内能获得大量盈利,好象把牛奶上面的一层奶油先取走以后再根据市场形势的变化来调整价格,此法又叫做市场撇油定价。

前提条件:新商品投放市场初期,产品的价格需求较小,又常有专利权保护,竞争对手也较少,市场提供了可以定高价的条件。

法则:独一无二的产品才能卖出独一无二的价格。

缺点:它是一种短期谋求最大利润的策略适合于一些资金比较短缺的中小企业的应急措施不利于树立企业的形象,是短期的行为。把商品的价格定得很高,不利于打开与扩大市场。也容易激起重多的竞争者,如果再降价,又可能影响该产品的市场声誉。

低价法

这种策略与高价法相反,先将产品的价格定得尽可能抵一些,使新产品迅速被消费者所接受和迅速开拓市场,优先在市场取得领先地位,又称渗透定价。

优点:由于利润过低能有效地排斥竞争对手,使自己能长期占领市场,并不断更新换代,树立品牌形象。是长久的战略,适合于一些资金雄厚的大企业。

安全定价法

是介于高价策略于低价策略之间的中位价格策略,安全定价通常是由成本加正常利润构成的。

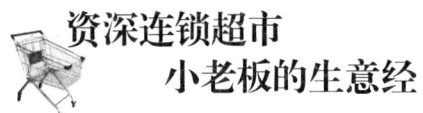

九九尾数定价法

商品销售价格的尾数采用九九,是西方零售商根据顾客消费心理采用的定价法。

非整数定价法

这种把商品价格定成带有零头结尾的非整数作法,销售专家们称之为非整数价格,这种策略的出发点是认为消费者在心理上总是存在零头价格比整数价格低的感觉,尾数价格似乎是经过仔细核算的价格,是一种负责的态度。

整数定价法

对于高档商品,耐用商品或者价格较高商品等则宜采用整数定价策略,给顾客"一分钱一分货"的感觉,借以提高商品的形象。

分级定价法

把商品按不同级别、档次分别定价,使顾客便于按等级购买,各得其所,并产生一种合理可信的感觉。

声望定价法

在顾客心目中有声望的企业,店铺或牌号的商品可以把价格定得比一般同类商品定价略高,有时为了创出优质优价的品牌形象,也可以使企业的优质产品比其他企业的同类产品的价格定得略高些。

第七章
销售需要一个好策略

招徕顾客定价法

指为了招徕顾客,将有些商品按低于市价个别甚至低于营业成本的定价方法。顾客多了,不仅卖出了低价商品,由于给人一种廉价的影响也常常带动和扩大了一般商品和高价商品的销售。

零售商品作为一种消耗品,它的市场是很广阔的,因此竞争也非常激烈。每一家超市为了吸引顾客,尽量压缩商品的价格,但是压价也是需要技巧的。

几分钱让顾客很"受伤"

【情景导入】

刘女士于8月30日到将军超市购物的时候,一共花了43.95元,结账时付给收银员100元钱,收银员找给刘女士56元,而购物小票上明确写着找零56.05元。"我当时问收银员钱找的不对,收银员说是四舍五入了,是超市的规定。"

刘女士来气了:"就这么五分钱的事。你们超市也太抠门了。就不能收我43.9块钱吗?"

那名收银员一听刘女士这么说,不耐烦地说:"我实话给您说吧。如果我给您舍去分币那部分,超市就损失了5分钱,而且我们每天交接班时,都会进行清点,到时要是发现少了钱我就麻烦了。"

听了这名收银员的解释,刘女士气愤的说:"你们一个顾客多收五分,这么多的顾客量,一年下来多收多少啊!你们超市可真会"赚钱"啊!说完便结帐离开了这家超市。但心里一想到超市这种"算进不算出"的做法总感觉不舒服,而且总感觉超市的这种定价到分的行为是一种变向的让顾客多付钱的做法,所以决定以后再也不来这家对顾客"称王称霸"的超市了。

【案例剖析】

现在很多超市出于成本利润考虑,喜欢把一些商品,特别是小商品定价到分。而这些数字一般都大于5,比如"1.98"、"2.48"等。再加上一些散装商品需要称重出售,不可避免地也加入了价格中的"分元素"。于是,就会发生很多类似刘女士遇到的案例。出现分的价格,超市都采用"四舍五入"的方式,而且因为定价时分数位上大多为大于5的数字,所以在结账时一般出现分的价格都变成了"五入",让顾客感觉有一种上当受骗的感觉。

有一些超市虽然准备足了分币,但是现在许多地方消费不需要分币,所以许多顾客在收银员找零时出现分币都直接不要了。虽然表面上不要了,但是心里还是感觉超市在利用顾客的消费心理打顾客的"小算盘"。而且,也有一些顾客对于超市中含有分位定价的商品从心里排斥。一想到结账时的种种"猫腻",顾客就不想购买这种"问题商品"了。

【老板建议】

超市结账时"四舍五入"在全国各地已成为一种行业"潜规则",比如标价2.89元,却收你2.9元。这让顾客很是头痛,但有的超市则抓住这一规则,抹掉零头,为超市赢得了更好的品牌形象和信誉。

因为找分币会使结账的时间加长,尤其是高峰时期,收银速度会受到很大影响。所以,为了避免结款时出现分币的情况而引发超市与顾客之间的矛盾。超市在指定商品价格的时候,尽量避免出现精确到分的价格,这样,将找零麻烦从源头切断，就可以让收银更加高效，也可以减少顾客与超市之间的纠纷。

当然，有时一些需要称重的散装产品因为要论斤购买，所以依然无法避免分币的出现。这时，超市如果在结账时为顾客抹零。虽然仅仅是几分钱，但顾客却感觉"得了很大的便宜"，下次还想来这种给顾客便宜的超市购物。而对超市来说，也不会因为抹去这些零钱而损失多少利润。超市经营中，留住顾客才是经营的长久目标。

我们在超市购物时，都会在货物上看到 19.04 元、5.8 元等商品价格标签，然而我们在结帐时，超市却没有把这些"零头"找给我们，一些精明的老板抓住机会，为顾客除去这些零头，从而赢得更多的客户。

"热情"过度的促销员

【场景导入】

周六晚上，甘小姐洗过澡后，打算做一个脸部护理时，发现自己的黑泥面膜快用完了，决定周日去超市买一盒。第二天干小姐如期走进超市，直接就走到护肤品的货架前面。准备找自己经常用的那个牌子的面膜。

突然，旁边走过一个穿着粉色衣服的人。甘小姐一看，应该是另外一个品牌的促销人员。甘小姐是一位不喜欢自己买东西时有人在旁边七

资深连锁超市小老板的生意经

说八说的人，于是，便走到货架的另一边去。谁知，这位促销员竟然微笑着站在甘小姐面前，问："小姐，您是需要护肤品吗？是润肤露，爽肤水，还是面膜啊？"

甘小姐白了那名促销员一眼，没好气地说："我自己看看。"

"好的。您可以了解一下××品牌。不知您之前用过或者听说过这个品牌没有。"那位促销员就像没有听到甘小姐的声音，还在一旁说个不停。

"没听说过，也没用过。我想自己看看。"甘小姐有些不耐烦了。

"像您皮肤这么干，可以用这个牌子的防晒霜，别看不怎么打广告，但它是天然配方，比那些老打广告的一点儿不差。您可以试用一下。"说着，那位促销员就向甘小姐的手中挤手中的××品牌的防晒霜。

甘小姐急了，呵斥道："我说你怎么不听我说话呢。我不喜欢你们的品牌，我想自己看看，能放我走吗？"

这位促销员一看甘小姐真是急了，赔着笑脸说："好吧。您随便看。我也没其他意思。"于是，甘小姐再也没有心情去购买自己要买的商品，郁闷地离开了超市。选择去了另外一家超市购买商品。

【案例剖析】

许多顾客选择在超市购物的一个重要原因，就喜欢自己一个人慢慢找自己需要的商品，不被别人打扰。当然，在这种情况下，有时顾客光凭自己看会对商品不甚了解。这时候，如果有促销人员，就可以为顾客进行解答。这样的促销人员，当然会受到顾客的欢迎。但是，如果促销员都像上面案例中的那样，顾客没有问题跟在顾客旁边，并且向顾客推销顾客并不感兴趣的商品。这样只会惹得顾客非常反感。如果没有促销员，顾客还有可能去看商品，结果促销员一说，顾客成了"恨屋及乌"，连商品也讨厌上了。

这样一来，促销员存在非但没有实现自己的价值，反而还影响了商品的销售。更有一些促销员，在对顾客推销某种品牌的商品的同时，却说别的品牌的商品都是"又贵又没效果"，这样会让顾客感觉这样的促销员没有诚信可言，而且人品也有问题。时间一长，顾客就会感觉有这种素质促

第七章
销售需要一个好策略

销员的超市质量也好不到哪里去，从而对整个超市的印象都非常不好，直接影响到超市商品的出售。

【老板建议】

俗话说："凡事要有'度'"。再好的东西，如果多了，也会让人厌烦。就像吃东西一样，无论是多么好吃的东西，如果食用过量，那也会腹胀难受，下次再也不想吃了，这就是一个"度"的问题。

促销员的热情也是如此。因为现在很多促销员的工资是与业绩挂钩的，所以他们一看到有顾客，就会使出浑身解数去让顾客购买某种商品。某些促销员认为只要对顾客非常热情，顾客就会感动而去购买商品。而恰恰相反，这种热情往往让顾客颇为厌烦。有些顾客迫于面子，看到促销员如此热情的推销，没有办法，只能购买自己并不喜欢的商品。但是心里会非常不舒服，从而决定以后不再来超市购物，以免再被促销员强迫买自己不喜欢的商品。还有一些顾客不喜欢就直接把促销员说一通，让促销员体会到"好心办坏事"，也不利于自己的工作。所以，促销员的热情只需要"七分饱"，让顾客感受到自己作为促销员的热情好客就可以了，把更多的时间留给顾客自己，毕竟买东西的是顾客。

现在大多数商品上都有详细的商品说明，所以导购员应把更多的消费自主权交给顾客。而不是一直在顾客旁边"喋喋不休"，这样很容易费力不讨好。

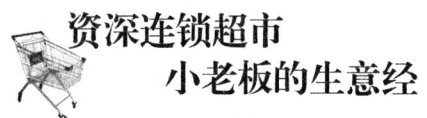
资深连锁超市
小老板的生意经

"冷漠"玩"酷"的促销员

【场景导入】

结束了一天的工作,下班后文怡和同事舒娟一起来到公司楼下的超市闲逛。因为二人都是年轻时尚的都市女生。所以对穿着非常感兴趣。她们还像往常那样来到了服装鞋帽区。

突然,舒娟看到一件紫色的迷你裙,是今年最新的款式。舒娟非常喜欢,便问旁边的文怡:"你觉得那件裙子我穿怎么样?一定很性感!"

文怡看了下,笑着说:"光看不行啊。你去问一下促销员,能不能试穿一下。"于是,舒娟叫了促销员一声,可促销员只是向这边看了一下,没有回答。

舒娟感到莫名其妙,心想:难道那人不是促销员吗?舒娟又重复了一遍:"您好。请问这项帽子可以试一下吗?"

这时,促销员皱了皱眉头,态度很冷淡地说:"你就试一下吧,这个还要问。"舒娟和文怡看见促销员如此态度,丢下一句话:"你们这是卖东西吗?算了,不买了。"二话没说俩人扭头就走了。

【案例剖析】

促销员过于热情会让顾客反感,但是态度过于冷漠,顾客有了问题也不热情解答,就会让顾客感觉不受尊重。所以,当顾客对商品表现出兴趣时,促销员不管顾客是否想买,都要热情地去为之服务。有一些促销员,喜欢凭顾客的衣着或商品购买量,来给予顾客不同的服务,顾客对于这种

第七章
销售需要一个好策略

"势利眼"的促销员往往十分反感。作为一名促销员，所有的顾客都是上帝。对于所有的顾客都要热心相待，才能真正地拉动销量。"势利眼"只会让顾客感觉促销员本身没有水准，也会给超市形象带来了一定的负面影响。

另外，促销员的口头语言也十分需要注意，超市促销员说话时应该注意要用词得当、音调亲切、语速适中。平时在与顾客对话过程中，要注意几种禁忌用语：

喂！这边看！

有事吗？

你要买点什么？

你说什么？

我忙，你自己先看看。

以上这些用语，在使用过程中都会让顾客感觉到不被尊重。顾客当然不会喜欢来一家不被尊重的超市购物。所以，促销员平时在工作中，一定要注意多使用敬语和礼貌用语。就算顾客不购买，也会因为促销员的尊敬而对促销员和超市留下非常好的印象。

【老板建议】

从上面的案例中，我们可以看出这位促销员一定不是一位合格的的工作人员。一位优质的促销员不要只是机械地回答顾客的问题。要学会站在顾客的角度为顾客着想。要做到这一点，促销人员就需要察言观色，善于观察顾客的反应，针对不同的场合、对象，说不同的话，这样就会使顾客感觉促销员不像是超市的工作人员，而是像自己的朋友。站在顾客的角度为顾客考虑，有了这种想法，顾客对于促销员推荐的信息就不会反感，而是变成一种信任。

下面具体介绍两种促销员对顾客察言观色的途径：

一是通过顾客的服饰、语言、肤色、气质等方面的特点去辨别客人的身份。

二是通过顾客的面部表情，语调的轻重、快慢、走路姿态、手势等行

资深连锁超市小老板的生意经

为举止去领悟顾客的心境。

促销员的热情源于对事业的热爱,源于对顾客心理的了解。也就是说,只有真正弄懂顾客的消费需求和意图后,在促销时面对顾客促销员才能适当适时地进行热心服务。否则,即使服务员按照工作需要去刻意热情,给顾客的感觉也是非常虚假与做作的。所以,每一位促销人员要首先培养对自己职业的热爱,认识到自己工作的价值。在工作中,多与顾客沟通,从而更好地了解顾客的心理,进一步推动自己的工作。

编者小评

促销员的职责是,帮助顾客买到自己喜欢的商品。而不是站在商品附近充当摆设,促销员一味的装"酷",只会让顾客对超市失去信心。

严重腐烂的鲜鱼

【场景导入】

吴女士所在小区新开了一家超市,因为吴女士所在的小区已经有好几家超市,所以这家超市开业的第一天,为了吸引顾客,就把一些窒息死亡的鲜鱼做特价处理。有一些顾客将鱼买回家后,发现鱼发出一股刺鼻的腐烂味,打开包装一看,原来有的鱼已经严重腐烂,鱼刺和肉已经剥离。顾客非常生气,纷纷找到超市要求索赔。值班经理一阵解释,并且承诺给顾客双倍的赔偿。然而顾客们心中仍然十分恼火,觉得自己受了骗。决定以后再也不来这家超市购物了。一个月后,这家超市关门大吉了。

【案例剖析】

显然,上面案例中超市的促销是一个失败的促销案例。一个店开业初期正是在广大消费者心中树立企业形象的关键时刻,上述案例中发生的事实实在是企业的一大失策。就算是以后超市天天平价,保质保量,也不能挽回超市在顾客中的口碑。最终自食其果。

商品质量是超市在激烈的市场竞争中的软肋,商品质量的维护是永恒不变的经营理念,为了得到一点点的蝇头小利而去牺牲苦苦经营起来的声誉,实在是得不偿失。

【老板建议】

超市开展促销活动,重要的一点就是提高超市的形象,加强与消费者的联系,增强自己的市场竞争力。具体表现在以下几个方面。

(1)超市借助于公关、举办或参与公益活动、大型的广告等促销活动将可能极大地提升超市的形象并提高企业的声誉。超市的形象和声誉是无形资产,直接影响其商品的销售。拥有良好的卖场形象,会使顾客产生亲切感、信任感。愿意到卖场购物,并可能做口头宣传,扩大卖场的知名度,自然能稳住客源,进而扩大市场,提高市场占有率。

(2)消费者的购买行为通常具有可诱导性。促销的落脚点就是诱导需求,吸引顾客,唤起消费者对超市及商品的好感。当一种商品滞销时,超市可通过促销策略去改变需求,甚至可创造出新的需求,从而延缓商品的市场寿命,甚至可使滞销商品重新焕发青春。

(3)商品的竞争是现代零售业争夺顾客的焦点。当竞争激烈时,零售企业可通过促销,突出其商品的特点,宣传其商品与竞争者商品的差异,强调能给消费者带来的独特利益等,促使消费者偏爱本超市的商品或服务,从而增强零售企业在市场竞争中的优势。

因此,超市在打商品促销这张"牌"的时候,一定要保质保量,确保企业的形象不受影响，不然就是得不偿失，无故损耗企业的市场竞争力。

编者小评

　　作为一家刚刚开业的超市，它需要寻找一定的客户群，促销，是每一家新开超市的首选战术，但如果用劣质商品搞促销的话，只会让你陷入万劫不复之地。

这种苹果好在哪里

【情景导入】

　　某日，阿斌超市内有一顾客要购买精装苹果礼包，一位促销员就向他介绍自己促销的一种品牌。促销员在介绍过程中，向顾客一个劲地说："我们的苹果非常好，价格又便宜。"显然顾客被打动了，于是随口问了一句："你们的苹果到底好在哪里？"促销员卡壳了，但她重复着说："我们的苹果真的很好，价格也便宜。"顾客有点不满意她的回答，又问了一遍："那具体好在哪儿？"

　　当时有另外一位同事在场，他帮着说："××牌苹果产自于苹果之乡，香脆可口，且包装精美，送人也特有档次。"这样，在这位同事的极力配合下，这位促销员终于卖给了顾客两套礼包。其实，这位顾客买苹果礼包正是用来送礼的。

第七章
销售需要一个好策略

【案例剖析】

上面案例中的促销员很明显没有抓住顾客的心理,同时自己的商品知识水平有所欠缺。当促销商品时,如果一味地对顾客说产品质量好,价格低,这并不能打动和吸引顾客。只有真正迎合顾客的心理,并能解答顾客的疑虑,才能让顾客接受并购买促销员所推销的商品。上面案例中的另一位促销员正是抓住了顾客的心理,结合商品的优势,必然促使顾客很开心地购买这款礼包。因此,每一位促销员都应努力提高自己的商品知识水平,否则言之无物,根本不知道如何向顾客推介商品。

【老板建议】

作为促销人员,应该对商品的原料、性能、质地、产地、使用方法、保管方法、真伪识别知识等,以便更好地为顾客提供咨询。此外,促销人员还应开展有针对性的介绍和演示,提高顾客的即兴购买欲望。促销人员对新产品更应该热情推荐,因为一般而言,新产品的销售对于超市而言利润空间更大。

在市场实践中,超市促销活动的表现形式令人眼花缭乱,但其中不乏盲目促销。一个促销活动要达到预期的效果,必须建立在促销员掌握商品知识的基础上,这样才能为顾客提供实用的购买建议,从而达到促销的效果。此外,善于迎合顾客的心理,也是促销得以成功的关键。

编者小评

作为一位商品促销员,如果连自己促销的商品的好处都说不上来,那么他的销售业绩就可想而知了。

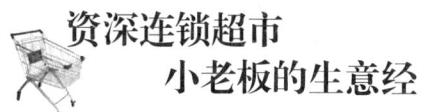
资深连锁超市
小老板的生意经

导购非要给顾客推销小码鞋

【情景导入】

下午6点钟,张然来到某大型超市的鞋帽部。其中有几款新上市的高跟鞋在做促销。张然看中了一双细跟鞋,要求导购员拿一条中码的给她试穿。导购员看了该顾客一眼,说道:"你穿小码的?中码就很适合你?"

张然说:"我一直穿小码的高跟鞋。"

导购员说:"我们这里的高跟鞋码数偏小,你先试试手上这双中码吧!"

张然只好试中码,穿上这双鞋之后明显感觉大,于是再次提出要试小码。促销员看着顾客穿着中码的高跟鞋显得有点松的样子,慢条斯理地说:"这个鞋子嘛,样子新颖,就是颜色不太好,看你喜不喜欢。"边说边整理手上的其他鞋子,并没有按张然的要求去找一条小码的鞋子给她来试。

张然在镜子前等了半天,不知道是没货,还是促销员小姐懒得为她拿小码鞋子,最后只好悻悻地走了。

【案例剖析】

在一般条件下,促销员都应无条件地满足顾客的要求。比如在上述案例中,在顾客提出要求试穿小码鞋的时候,促销员应按顾客的要求去办。如果确实没有大码衣服,促销员应该向顾客说明原因,并尽快补货,保证商品不会脱销。

在招呼顾客时,不应该同时做其他的事,把顾客晾在一边,这样既不

第七章
销售需要一个好策略

礼貌，同时又伤害了与顾客的感情，降低了超市在顾客心目中的美誉度。

【老板建议】

在经济学理论中，有一个"消费者效用"理论，意思就是说消费者购买某种物品并不一定看它的实际使用价值，有时要看该商品对自己的满足程度而决定是否购买。换句话说，每个消费者都有自己的消费偏好，喜欢什么或者不喜欢什么因人而异。超市促销员在促销商品时必须结合顾客的偏好推荐商品，再配以优质的服务，必然能达到促销的最终目的。

超市促销人员应该时时、处处为方便顾客着想，观察顾客的消费偏好，并投其所好，使顾客在购物中体悟快乐。只有这样，才能为超市带来利润。

顾客对产品不满意

【场景导入】

一位顾客去超市打算买一款手机，销售人员小张看准机会走上前去。介绍了一款产品时，没想到顾客却说："这个不好啊！"

小张："这个不好，您看这边这个怎么样？"

顾客："不好"。

小张："那么请您到这边来，这一款是最新上市的。"

顾客："连上一款也不如"

小张："怎么不好呢？这是卖得最好的一款。"

【点评分析】

销售人员的一言一行必须表达出对品牌的热爱和自信。如果能做到这一点，就容易感染顾客，使其对品牌产生信心。

上述场景中销售人员的回答都是承认了顾客的判断：这个商品不好。销售人员不可暗示或暗中承认商品不好，这样一承认顾客也会跟着失去购买信心。不仅是待定款的商品，对整个品牌都会降低信心，这对接下来的推介非常不利。

最后的对话则是属于销售人员直接和顾客争辩，是没有职业技巧的表现。

在上述场景中，销售人员应这样应对：

（1）销售人员："是吗？您哪里不满意呢？可以告诉我吗？"待问清顾客不满意的地方后，即可针对顾客的疑点进行解答或针对其卖点进行新的商品推介。

（2）销售人员："这个还算不错吧！再好点的，请您到这边来……"

（3）销售人员："这个机型还算比较畅销，同样畅销的还有这款……"

【老板建议】

很多时候顾客对产品的反对并不代表他真的不需要这样的产品。当顾客对所推介产品不满意时，作为销售人员，不能只是机械地向顾客推销别的产品，而要先从顾客的言语中收集信息，破解顾客内心的真实需求，这样才能取得事半功倍的效果。

在了解了顾客内心的真实想法后，销售人员还应做到对顾客需求的理解完全、清楚和证实。

完全是指销售人员要对顾客的需求有全面的理解。顾客都有哪些需求？这些需求中对顾客最重要的是什么？它们的优先顺序是什么？

清楚是指要知道顾客的具体需求是什么，顾客为什么会有这些需求。

第七章
销售需要一个好策略

很多销售人员都知道顾客的需求,如顾客说:"我准备要小一点的电冰箱。"这是一个具体的需求,但他们对顾客为什么要小一点的电冰箱却并不知道。"清楚"也就是让销售人员找到顾客需求产生的原因,而这个原因其实也是需求背后的需求,是真正驱动顾客采取措施的动因。找到了这个动因,对销售人员引导顾客下定决心会很有帮助。

证实是指销售人员所理解的顾客的需求是经过顾客认可的,而不是自己猜测的。

那么,当顾客对商品不满意时该如何应对呢?要注意两点:

第一是询问,询问顾客哪里不满意。这些问题,可巧妙地击中顾客的隐私,使其内心的真实想法完全表露出来。

第二是跳过这一款介绍另一款,在这个过程中最重要的是销售人员必须用委婉的话语和郑重的表情重新定义顾客所谓的不满意产品。

编者小评

顾客对产品不满意时,销售人员只有深入思考、破解顾客的深层想法,才能把产品卖出去。

第八章 员工好,利润高

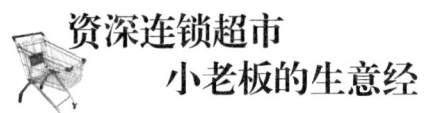
资深连锁超市小老板的生意经

导购不能光看长相

【场景导入】

马老板在闹市区开了一家超市,因为超市刚开业,为了吸引顾客马老板策划了一个商品大促销。于是,马老板想要招聘几名导购员。到底招聘什么样的导购员好呢?马老板感觉导购员是与顾客当面接触的员工,所以外表一定要非常漂亮,才能给超市争门面,从而吸引更多的顾客,为超市带来更多的利润。所以,马老板在招聘导购员时非常重视外表,而忽视了她们的工作经验,导致超市里的导购员外貌个个都美丽动人,但却没有多少导购工作经验。

因为有许多美女导购员,许多顾客为了"一饱眼福"而多次光顾超市,超市的销售量一下子就多了起来。但是时间一长,问题就出现了,因为这些"美女导购员"大多没有导购工作经验,所以她们根本不知如何向顾客更好地介绍商品,经常不知如何解答顾客的疑问。甚至有时根本就无视顾客的存在,在一旁聊天……而且有些服务员自恃漂亮对顾客指手画脚,就这样导致许多顾客对超市越来越不满意,许多"回头客"就慢慢的不在来了。超市的营业也变得十分不景气。

不知实情的马老板非常纳闷,不禁私下里问自己:"导购员漂亮也会赶走顾客?"

【案例剖析】

马老板的超市为什么人越来越少,为什么他的美女导购员没有招来顾

第八章

员工好，利润高

客却赶走了顾客呢？关键还是马老板在招聘导购员时走了极端。只想到导购最需要与顾客面对面接触，不能长得太丑，于是就一切看外表，其他全不考虑。但是，在超市经营里，导购员"漂亮不能当饭吃"，工作时服务的灵活度、处理问题的及时性也是必不可少的。

导购员漂亮当然会吸引顾客来购物，正所谓"爱美之心人皆有之"。但是，要知道美女在超市里的工作职位是导购员，不是花瓶摆设。即使再美的导购员，如果在顾客购买商品遇到问题时，只会呆呆地立在那里，不能解决顾客的问题和需求，那么顾客就会感觉这家超市的服务很差。顾客去超市是为了购物，而不是为了看美女。顾客喜欢的是"美女导购员"，而不单是"美女"。

【老板建议】

有人曾说"导购员是超市的门面"就是因为导购员永远都位于卖场的第一线。直接为顾客提供服务，导购人员素质的高低很大程度上决定了超市服务的质量。导购人员要尽量招女性，因为女性更具细致、周到、耐心和冷静等性格特点，在服务技能上有许多胜过男性的地方。另外，应挑选仪表端庄、头脑灵活、记忆准确、语言得体、态度诚恳者，曾在超市从事过导购，有一定经验者应该优先考虑。但不能仅靠拥有其中之一，就盲目录用。

下面是超市的面试主要考查以下内容。

（1）身体素质。身体是否健康。

（2）求职动机与希望。通过面试提问，了解求职动机是否正确，希望是否现实。

（3）工作态度与经验。态度决定一切，经验是应聘者的砝码。

（4）专业知识。干什么就要懂得什么。

（5）语言表达。特别是导购员，因为导购员是与顾客打交道最多的职位，所以良好的语言表达能力非常重要。

（6）心理素质。超市经营属于服务行业，从事服务行业就一定要摆正自己的位置，不要因为顾客一句羞辱就受不了。要始终想着"顾客就是上帝"。

专门准备超市的面试问题，一可以节约每次招聘的时间，二可以保证招聘的稳定性，那么，如何才能设计出好的面试题目呢？这需要掌握几个要点。

针对性强

针对性强即每一类型的招聘岗位的题目都要根据其工作内容和招聘标准及要求来设计，不要问一些无关问题，保证每个问题都有考查目的。

内容全面

内容全面即每一类型的人员招聘的题目设计要将心理测试、素质测试、能力测试等内容。

美女走到哪里都会有众多的关注，一位美女导购更是可以吸引很多顾客前来购买商品，但是导购不是光看长相的，业务水平也是很重要的。

第八章

员工好，利润高

员工要吃"回头草"

【场景导入】

花园小区是新建成的小区，牛老板在考察市场看到这个小区周围没有一家超市，觉得机会到来，于是便在小区旁边开了一家中型超市。超市刚刚开业的时候，牛老板考虑到人力成本，只招聘了4个导购员。芳芳就是其中的一位。因为这家小区刚刚建成，周围就牛老板这一家超市，所以生意非常好，而因为导购员就她们4个，所以大家平时非常忙，只要在超市中，肯定就有顾客要招呼。有时一个人还要同时招呼好几个顾客。虽然大家感觉到有点忙不过来，也向牛老板反映这个问题，但是牛老板一直没有招聘新的导购员。

这样坚持了三个月，芳芳实在忍受不了这种辛苦的劳动，以家里有事需要回老家向牛老板提出了离职。但一年以后，芳芳去了几个其他的同类超市工作，发现工作量都是差不多的，但是薪水还没有牛老板给得多。于是，芳芳鼓起了勇气，给牛老板发了条短信：老板，我是芳芳。我还想回超市工作，不知可以吗？

牛老板收到短信，想都没想，便回了一条："对不起，我们不需要人了。"实际上，现在超市销售非常好，牛老板正在到处物色导购员。但是一想到芳芳当时在自己最需要人手时却辞职的事，牛老板就很生气，所以就直接拒绝了。

资深连锁超市小老板的生意经

【案例剖析】

上面的案例中，牛老板的这一决定是不明智的。对于芳芳来说，在对比过其他超市的情况下，才给牛老板发了短信，说明自己有意回牛老板的超市工作。首先就能看出芳芳是有诚意去工作的。而牛老板却只记得当初芳芳在自己最需要人手主动辞职的过失，不接受芳芳。这样很明显损失了一个难得的熟练人才。而且，因为牛老板的这种处理方式，芳芳对超市的印象也会非常不好，可能会进而影响到超市的声誉。

超市的老员工因为已经熟悉了超市的服务和工作流程，即使是离职以后，对于超市也是一笔不小的财富。所以，超市经营人员不要以为员工离职了和超市就没有任何关系了。应该把离职的员工当成超市流失在外的一笔财富，并随时欢迎这笔财富的归来。

【老板建议】

善于回聘已经离职的老员工的超市经理是明智的。这样的老板，懂得已经离职的老员工的心理。当老员工希望再为超市工作时，他们就已经对过去离职的行为或工作中的过失感到懊悔了。如果超市经理能够就此给这些回心转意的老员工一个回超市工作的机会，不仅可以为自己的超市招来有熟练工作经验的员工，超市经理的人格魅力也会因此上升。因为，这样的经理不计前嫌，胸怀宽广，向员工展现了一种人格魅力。

但是，超市建立"回聘"制度，首先要了解已离职员工的工作特点和工做技巧，并做好相应的记录，这样如果老员工再回到超市工作时，就可以迅速的安排好更适合他的职位，让他们充分发挥其优势。对于超市来说也是一种财富。

另外，对重新回超市工作的老员工，不要特殊对待，既不要给予太多的关爱，也不要对他们置之不理。最好的处理方式就是以一种平和的心态对待每一个人员工。回超市继续工作的老员工因为得到了一个意外的工作机会，会比较谦虚谨慎。要利用他们的这种心理特点，多对他们进行培训，提高他们的工作能力和工作技巧。

第八章

员工好，利润高

一位"十佳超市"的老板曾说过：有胸怀的企业不会和员工计较，员工回队只会鼓舞在职员工的士气，因为他们用事实证明了本企业的吸引力。好马回头找的草原一定是丰美甘甜的。可见，友好地对待已经离职的员工，以一颗宽大的心去包容他们，只有这样，超市才能更好地留住优秀人才，才会创造跟多的利润。

俗话说："好马不吃回头草，但是还有一句话是：浪子回头金不换"。一位肯回头的员工，她一定会成为一位好员工。

怎么老是有人跳槽

【场景导入】

某某超市在一家学校旁边开了一家分店。老板让得力助手郭新出任店长。郭新刚上任一年以来，把超市做的是风生水起。但有一件事他一直没搞清楚，就是超市里的卖场工作人员频繁跳槽，招了几个收银员、导购员、库管员，没有待几个月就走了。所以，导致郭新的超市是天天在招人。

一天，郭新下班以后走得晚了一会儿，于是，便想到库房去看一下最近进出货的情况，谁知刚走进去，正好发现库管员小张正在向自己包里装散装的虾皮。郭新非常生气，大声吼道："每个月给你们的薪水不算少，你还不知足吗？还来偷拿东西。罚款100。"

小张听了，也火了，大声回应道："算了，我不干了。就你给的那点儿钱，还不够喝凉水的呢。还动不动就罚款，好容易从你手里赚来的那点儿钱也一下又还给你了。我不干了！"

说完，就气呼呼地走了。

类似的事情郭新遇到不少，许多员工走的时候都嫌郭新超市里的待遇太差，但是郭新打听了一下其他的超市，基本工资也差不多啊。怎么才能留住员工呢？

【案例剖析】

郭新的超市员工流动性很大。大多数人是因为对超市的待遇不满才走的。现在，不只郭新的超市，在超市经营过程中，许多超市都出现了一线员工频繁跳槽的情况。这其中的原因归纳起来有以下几条。

对现在的工作环境不满

由于超市经营也属于服务行业，一线超市员工，比如理货员、导购员的工作量普遍比较大，工作辛苦。同时，在有些超市中，由于管理方法欠妥，可能会致使一线工作人员感觉没有得到应有的关心和尊重。时间一长，很多工作人员无法忍受这种负担过重而又得不到赏识的工作，从而选择跳槽。

对现在的薪资不满

超市一线工作人员，比如理货员、导购员、库管员，在超市里的薪水一般都比较低，虽然对于这些工作，超市一般都是设计基本工资加奖金的方式。但是，因为基本工资非常低。工作人员需要付出非常大的辛苦劳动才能拿到和常人差不多的薪水。因此，一些一线工作人员在寻找到了能够提供更高基本工资的超市后，就有可能选择跳槽。

第八章

员工好,利润高

看不到前途

没有哪个人愿意当一辈子导购员。如果超市一线工作人员在工作中看不到晋升的可能,即使能拿到比同行们更高的收入,他们也有可能会跳槽到那些能给他们更广阔的发展空间的超市或其他企业去工作。

受歧视

受传统观念影响,许多超市一线服务人员的家人及一线工作人员自己都觉得自己的工作需要看人脸色,是服务人的,社会地位低下。在这种观念的影响下,很多超市一线工作人员不能安心工作,转行也就成为他们考虑的问题之一。

老板对一线工作人员不重视

许多老板认为超市一线工作人员做的是最基层的工作,知识含量和技术含量都比较低,因此对他们颐指气使,认为即使这些人走了,再招就行了。

总之,上面的这些原因导致超市里一线工作人员严重流失。超市一线工作人员的工作虽然是最基层的工作,不需要多少技术含量,但是这里面也是有经验可言的,比如有经验的导购员更懂得客人的需求,更能为超市的经营提出宝贵的意见和建议。而且,对于超市来说,每新进一位员工,都要对之进行最基本的岗位培训,如果人员流动过快,培训成本也会非常大。

所以,超市应该尽可能留住员工,而不应抱有"现在人才满街跑,一抓一大把"的想法,这是对自己员工和自己超市的不负责,同时也没有仔细考虑超市的人力成本。

【老板建议】

超市的留人妙招，大体有以下几种。

第一招：小奖励得人心

超市除了给员工支付每个月的工资之外，最好多设立一些奖励项目。这样，不仅能够调动员工工作的积极性，改善员工的生活，超市的服务质量也会因此提升很多。

第二招：注重劳逸结合

超市工作非常辛苦和琐碎。所以，每位员工工作时间久了都会感觉身心俱疲，就会造成情绪不稳。所以，超市应该定期地为员工提供假期，或者在超市里组织一些文体活动。让员工放松身心，以便更好地投入到工作中。

第三招：工资与工龄挂钩

工龄工资的引入，可以有效地留住老员工，使他们长期留在超市工作。超市老板在设计工龄工资时，工龄工资的时间越短越好，现在大多数公司的工龄工资都是从满一年开始算起。如果超市财力允许，可以从满半年就算起，这样更可以留住人才。

第四招：多与员工交流

要知道员工是怎么想的？作为超市经营人员，了解这一点非常重要。如果自己的员工有高兴的事或者对超市有看法，超市经营人员却像木头人一样无动于衷，就会让员工感觉不到一种"超市是我家"的感觉。所以，超市老板多与员工谈心可以缩短与员工之间的距离，提高超市的运营效率。

第八章
员工好，利润高

第五招：为员工规划未来

告诉员工，他们的未来不是梦。从每一位员工的工作现状出发，为他们打造一个适合自己的职业规划。让他们对自己的未来充满信心，让他们感觉自己每一天的工作都是有意义的同时也能感觉到自己在与超市一起成长。

> 员工是一家超市的立业之本，如果员工频繁跳槽，对超市的日常营业会有很大影响。如何抓住员工的心，将是每一位老板首先考虑的问题。

员工没有培训出大错

【场景导入】

小强是胖胖超市最新招来的员工之一，超市为了节约成本，没有对他们进行系统的培训，便直接上岗了。小强分到的工作是：将几百斤的猪肉放在储物间的大缸里进行腌制（常规的操作是盐腌4个小时再进行下一道工序：放进冷库冷藏供第二天使用）。

因为刚开始参加超市的工作，小强显得有点手忙脚乱。4个小时过去了，小强忙完之后感到筋疲力尽，直接下班就回家了，他忘记了将腌制在缸里的牛肉放进冻柜冷藏。

第二天早晨，熟食师傅来到冷库却没有找到猪肉，心里便明白是怎么回事了。当他在腌缸中找到牛肉时，牛肉已经发出难闻的臭味，几百斤的猪肉只能报损。

【案例剖析】

案例中的小强因为工作的疏忽，造成了几百斤猪肉报损，作为刚入职的新员工，无疑是闯了大祸。但是作为胖胖超市，为了节省成本，在新员工培训方面，是没有做到位的。作为新员工，因为对工作环境及工作流程不了解，因此需要安排老员工做好对新员工的"帮、扶、带"工作。但案例中的新员工小强并没有接受系统的培训，便直接上岗，由此闯下大祸，超市和小强都要负一部分的责任。

【老板建议】

对于超市来说，新员工的培训环节是必不可少的。新员工经过培训后应该达到如下几方面的要求。

（1）树立顾客至上的观念。超市的经营就是一种以大众日常必需品为主业的事业，经营成功的根本取决于顾客的支持。在现代商战中，顾客就是上帝，就是超市的衣食父母。新员工必须要树立"顾客至上"的信念，才能有高水平的服务去吸引顾客。

（2）良好的商业道德。以优良的服务、文明的语言、整洁大方的仪表与顾客接触，才能赢得顾客的心。

（3）专业知识的了解。超市卖场的员工必须掌握相应的专业知识。收银员、营业员、理货员等的专业熟练程度直接影响到零售店的销售效率，而且会给顾客留下深刻的印象。

对于新员工正确的做法是：

（1）岗前培训。一些原则性的规章制度必须要灌输到员工的脑海中去。新员工入职以后，超市将自己的规章制度给新员工学习。学习三天的时间，新员工可以什么事都不做，可以去自己想去的岗位去了解。三天之后，新

第八章
员工好，利润高

员工再做决定自己最适合的岗位。

（2）老员工带新员工。新员工，必须交给技术熟练的老员工来带，培训的结果如何直接与老员工的业绩挂钩。

（3）进行自律性督导管理。许多日常营业的事项，如整理商品、汇总蝴据、整理现场都可在间隙时间进行。并且时间的利用在于重要的事先做，主次分明，注重效率和质量。

（4）现场培训。现场是新员工最好的培训教室。现场任何一件事情，不论是如何简单，从开始到工作完成为止，必须通过不同的作业与互相合作才能完成。老员工全程监督新员工的作业服务，要告诉新员工为什么非得这么做，什么地方做得不对，应该怎么做，使新员工在现场中获得进步和发展。

　　作为一家超市，新招聘员工进行培训是必不可少的，目光短浅的老板，为了省掉少许的培训费用而让员工直接上岗，这样损失的会比省去的更多。

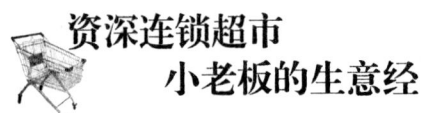

资深连锁超市
小老板的生意经

顾客少不是偷懒的借口

【场景导入】

周二的下午一点后,美美超市里顾客不多。于是生鲜区和蔬果区的几个导购员闲着没事就凑到一起聊天。她们越聊越热闹,仿佛忘记了自己正在工作。

这时,一位五十多岁的顾客走到了生鲜区。看到这里有一种刚到的鱼类,看来看去,也没看出是什么鱼,但是感觉味道一定不错,决定买一条回家尝尝。于是,就想找名导购员来问一问。这位顾客先是小声喊了一声:"有人吗?"

见没有人答应,于是,就四处找寻导购员,看了好几个货架不见一个导购员。这时,突然这位顾客听到一阵笑声,于是便顺着笑声望去。只见,在蔬果区的端头旁边,站着四五个穿着超市工作人员服装的人在一起说笑。于是,这名顾客走过去问道:"请问,你们谁负责生鲜区的导购?"

其中,一名导购员看了这名顾客一眼,先对其他导购员说:"呵呵,我这边边有活了。走了啊。"然后,一边走一边问顾客:"有事吗?"

顾客就对这名导购员说了自己的疑问,导购员也如实解说了。虽然顾客最后也买了一条鱼,但心里总感觉这是一家不正规的超市,超市工作人员工作不负责。上班时间还凑在一起说笑,让顾客感觉没有一点儿服务意识,以后不来了这里购物了。

第八章

员工好，利润高

【情景剖析】

美美超市的导购员认为下午超市里顾客少，自己负责的区域一般不会有顾客，便凑在一起聊天，等有顾客来的时候再去服务。这种想法表面看起来并不耽误正常的导购工作，但却会给顾客留下一种非常不专业的印象。工作中，关键是要有一种积极负责的工作态度。没有顾客就凑在一起聊天，这给顾客的感觉除了不专业外还有对工作的不负责，对顾客的不尊重。

导购员，从名字我们就可以看出工作性质。导购员是随时要为顾客提供导购服务的，随时都要有这种服务的意识。身为导购员，在工作岗位上不做工作的事，自己给自己转换角色，让顾客在卖场里找半天才现身，这样的超市，还会有更多的顾客光临吗？

超市负责人在对自己的员工进行培训的时候，要注意培养每一位员工的服务角色意识。只要每位员工都能认识到自己是服务人员，就不会在工作的时候做出像上面案例中的事情来。服务意识是需要培养的，没有人天生就喜欢服务别人。但是，服务意识一旦培养起来，就会变成一种习惯。服务别人，快乐自己。

【老板建议】

超市负责人对自己的员工进行培训时，一定不能忽略培养其服务角色意识。许多超市负责人认为招聘时以服务员应聘来超市的，就应该知道自己是一名服务员。但并非都这样。许多员工虽然是一名服务员，但从来没有服务角色意识。他们有时只是把服务员当成一种工作，一种谋生的手段。这也就是为什么一些服务员工作起来经常厌倦，感觉自己的工作社会地位低下，不受尊敬。

培养员工的服务意识，可以使得员工认识到自己工作的真谛，并能在每天的工作中体会到快乐。一旦员工把服务别人当成一种快乐，他就不会因为一点小小的诱惑就走神，就不会只有在超市负责人的监督下才会提供服务。有了服务意识，员工为顾客提供的服务才是真心的，才会让顾客感觉是贴心的。而且，有了服务意识的员工也不会感觉自己的工作枯燥无味，

资深连锁超市小老板的生意经

而是会在自己尽职尽责地服务他人中感受到别人的理解和肯定。

> 作为一名服务人员要具备良好的服务意识,一群人和一个人都要一视同仁,这样才能成为一位合格的员工。

一声"有病"惹恼顾客

【情景导入】

刘女士一家早餐必喝牛奶,而在所有的牛奶中,全家人都喜欢喝某种牌子的牛奶。所以,她每天晚上去小区一家超市要一大桶牛奶也就成了刘女士每天必备的行程。

这天晚上,刘女士如期走到超市的奶制品柜台买牛奶,不巧的是最后一桶牛奶也被刚来的一位顾客买走了。这时,刘女士问旁边的促销员是否还有这种牛奶。促销员面无表情地回了一句"没有了",然后,便劝说刘女士换其他牌子的牛奶。面对促销员的推荐,刘女士感到心烦,冷冷地说:"我不喜欢其他的牌子!"促销员费了半天口舌不见顾客购买,便在嘴里小声嘀咕了一声:"有病。"不想被刘女士听到了,顿时大吵大闹起来,引起超市一片混乱。

【情景剖析】

在上面案例中,刘女士要买的牛奶没有了,面对促销员的推荐她也没

第八章 员工好，利润高

有兴趣。这个时候，促销员就应该让顾客自己挑选。案例中的促销员非但没有让顾客自己挑选，还没礼貌地小声嘀咕。

由于超市卖场工作人员每天要接待成千上万的顾客，并且都是依靠语言来与顾客沟通。超市工作人员的服务语言是否热情、礼貌、准确、得体，将直接影响超市自身的形象，同时也影响顾客的满意程度。因此，零售业必须要加强卖场服务语言的管理，以提高服务水平。

【老板建议】

超市服务员工作中使用礼貌用语是，必不可少的。在注意训练自己礼貌用语和礼仪时，还要注意培养自己良好的气质。气质良好的一线员工是超市的形象。气质和风度主要由一个人内在的思想、文化、个性、修养等因素决定，与美貌、帅气是不等同的。超市一线员工的风度应该表现为举止自然潇洒，姿态稳重大方，言辞简洁亲近，衣着整洁合体，手势彬彬有礼，待人接物合乎分寸等。在任何时候，一线员工都要问问自己是不是做到了上面的标准。时常对着镜子审视自己的风度与气质。

编者小评

拥有良好的气质就要求一线超市服务人员忌讳酸气、俗气、呆气、铜臭气和媚气，养成正直、纯情、温柔、文静的品质，使自身具有独特的职业魅力。一个温柔、职业、大方的超市一线工作人员会给顾客一种放心的感觉。由这样的一线员工在卖场中为顾客服务，顾客才会有"宾客如归"的感觉。

工作人员态度真差

【场景导入】

一天,杨先生去一家超市打算买一款吊扇。走到家电区,发现天花板上挂着一款样品吊扇,颜色款式自己都很喜欢。就叫来工作人员,取一款与此样品相同的吊扇给她。工作人员回答:"这一款就剩下最后一台了,就是挂在天花板上的那款,你可以看一下其他的款式。"杨先生很喜欢这台吊扇,就让营业员把样品给她看看。这时,工作人员说:"这台吊扇挂那么高,拿取不方便,拿下来你不要咋办?"又指着其他的吊扇说:"这还有很多,你为什么偏要那一台。"杨先生哭笑不得,再次要求工作人员把吊扇拿下来。并说:"只要吊扇没有质量问题,我肯定会买的。"工作人员又说:"那万一你不要怎么办,我们还得重新把它挂上去,真麻烦。"

最后,在杨先生的执意要求下,工作人员才慢腾腾、极不情愿地把吊扇拿了下来。虽然,最后杨先生把吊扇买了回去,但对工作人员的这中服务态度十分不满。

【案例剖析】

在零售业竞争非常激烈的今天,优质的服务已越来越成为各超市竞争的焦点,满足顾客要求已不再是优质服务标准,而是基本的服务要求。

在超市内悬挂样品的目的是为了招揽更多的顾客,达到更好的销售目的。顾客要求购买样品更是实际的购买行为,而工作人员嫌麻烦而让样品高悬,实在是舍本逐末。

第八章
员工好，利润高

【老板建议】

在零售行业，服务是一种态度，也是一种生活。金牌服务成于细行，服务绝不是简简单单的项目设置和硬件准备。金牌服务成于细行，创造金牌的服务要把握好以下几点。

员工服务教育

依托于服务项目和物质基础，但金牌服务绝非来自物质的简单搭建，而是成于人的身体力行。没有员工的积极推行，即便''八星级"的服务设施也是一堆闲置物资。因此，创建金牌服务要从管理层推起，做好办公室人员、超市员工和厂商营业员的服务教育。

服务细节的标准化

将大多数超市服务事件，采用情景模式，进行细节方面的标准化，是提升超市整体服务质量最快捷的好办法。

一切从顾客的角度出发

做服务最大的忌讳就是先把超市制度、超市利益和个人得失摆在前面，正确的做法是一切从顾客的角度出发，然后再看超市制度方面应该怎么协调。

超市工作人员的职责是为顾客服务，不能因为拿取某件商品费力，而对顾客的要求一再推脱。

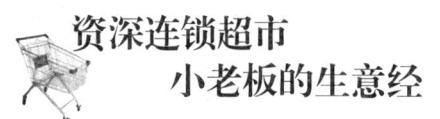

资深连锁超市
小老板的生意经

一辆购物车引起的争执

【情景导入】

金小姐在下班回家的时候,想起自己零食吃光了,就打算去超市再买一些。因为这个时候在超市人比较多,金小姐找了半天也没看见购物车的影子。这是金小姐突然发现在一个角落里放置着一辆空着的购物车,金小姐快步向购物车走去,这时一名年轻的促销员快她一步走到购物车,金小姐好不容易看到一辆购物车,于是冲上前去,要出这位促销员手中夺回购物车,结果两人就吵了起来。促销员不管金小姐说什么,就推着车子走了。

金小姐这是不高兴了,大声的喊道:"你们这里的服务真差!你们的员工素质更差!"一下子吸引了很多围观的人。超市的一位主管闻声走过来,问清楚情况,马上给金小姐道歉,并帮金小姐找了一辆购物车。

接着主管开始在卖场找那位得罪顾客的促销员,找了两遍都没有找到那名促销员,非常生气,表示如果她再不出来向顾客道歉将严肃处理。十多分钟后促销员自己找来了,哭哭啼啼地讲述事情的经过,并说事发后因为害怕而躲进厕所里哭去了。

后来主管要她向金小姐道了歉,并写了事情经过转交值班经理处理。

【案例剖析】

在上面的案例中,促销员的做法实在不应该,这种行为说明促销员没将顾客放在第一位。而另一方面,对于促销员来说也是得不偿失,简单的案处理不好就会造成较大的影响,本来只要赔礼道歉就可以解决的小事,却因为躲避而变成接受更严厉的处罚。

第八章

员工好，利润高

超市里的任何一个工作环节最终目的都是为了推动销售，保证超市良好的经济效益。所以超市员工在做任何一项工作的时候都应本着这个出发点，不要仅仅为了工作而工作。

【老板建议】

在零售业中，向来有"顾客就是上帝"的说法。"顾客就是上帝"，其含义是顾客在零售企业中享有绝对尊崇的地位。随着时代的变化，顾客的需求也在不断变化，顾客对超市的左右力量也越来越大。因此，超市员工每时每刻都应本着顾客永远是对的这一原则。强调这点，主要是指超市的员工处理问题的态度要委婉，富有艺术性，超市员工应当通过热情的服务，使顾客在超市购物有种"宾至如归"的感受。

顾客到超市购买商品，不仅为得到商品对超市进行成本补偿，还为超市获得利润奠定基础。现代零售企业市场竞争激烈，顾客的选择机会越来越多。超市员工完美的服务态度定能为超市吸引源源不断的客源。

营业员与顾客冲突的防止与排除

营业员在为顾客服务的过程中，难免会与顾客发生纠纷与冲突，因此，对于营业员与顾客纠纷与冲突的处理，也是商场服务工作中的重要内容。商场对顾客纠纷处理得好与坏，将在很大程度上影响商场的经营业绩。

商场在处理顾客纠纷时，一般分四个阶段来进行。

（1）**详细倾听顾客的抱怨**。若发生顾客投诉时，商场工作人员首先要仔细聆听顾客的抱怨，让他把心里想说的话全部说完，这是最基本的态度。如果工作人员不能仔细听完顾客的理论而中途打断他的陈述，可能引起顾客更大的反感。顾客既然会产生不满情绪，表明他在精神或物质上受到了某种程度的损害，因此，他在提出抱怨时很可能会不太理智，甚至可能说出一些粗鲁的话来。工作人员应该理解顾客心情，切不可与之发生冲突。

（2）**向顾客道歉，并弄清原因**。在听完顾客的抱怨之后，应立刻向顾客真诚地道歉，以平息顾客的不满情绪，并对事件的原因加以判断、分析。有些顾客可能比较敏感，喜欢小题大作，遇到这种情况，千万不要太直接地指出他的错误，应该婉转地、耐心地向他解释，以取得顾客的谅解。

（3）**提出解决问题的方法并尽快行动**。在听完顾客抱怨，向顾客道歉，并对问题产生的原因加以说明之后，就应该提出合理解决问题的方法了。在提出解决方法时，应该站在顾客的立场，尽量满足顾客的要求。与顾客达成共识后，商场必须迅速采取补救行动，而不能拖延，否则，顾客的抱怨不仅不会消除，反而会加重，因为顾客又有新的不满产生了。

（4）**改进工作，不让同样的问题再发生**。商场处理顾客纠纷，不能满足于消除顾客的不满，更重要的是通过顾客的不满找出商场工作上的薄弱环节，并加以改进。否则的话，虽然通过补救措施消除了这个顾客的不满，但同样的抱怨还会发生，这个问题实际上等于没有解决。可以说，顾客的每一次抱怨都为商场变得更好提供了机会。

作为一家服务行业，所有人员要明白一点："顾客就是上帝"，告诉我们凡事要把顾客放在第一位。

付款前后的不同待遇

【场景导入】

6月的北京已是热浪连连，某日上午，一男一女两位顾客去某超市的家电区打算购买空调。空调区的促销员微笑着说："你们好，要买空调吗？请随便看看！"

"请问有没有春兰空调卖？"

"在这边，请问您要装在多大的房间里？"

第八章

员工好，利润高

"大约18个平方米。"

"我建议您买这一款的空调比较合适。"

"天气比较热，下午能不能安装好？"

"没问题。如果现在付款，我们下午就可以给你送货，并且下午就安装。"

于是促销员开好单后，带顾客到收银台付款，然后到售后服务中办理送货手续。这时顾客又强调一下："下午一定要安装好啊！"

该工作人员顿了一会儿，说："不好意思，下午空调安装已经排满，可能要等到明天上午才能安装。"

顾客大发雷霆，感觉受到了欺骗："怎么这样服务的呢？付款前说得那么好，说钱交了就可以安装了。现在怎么变卦了。"

"很抱歉，最近空调安装确实是高峰期，明天晚上之前一定给您装好好吗？"顾客很无奈，叹了一口气就离开了超市。想到促销员付款前后的话语，就觉得心里不舒服，决定以后不再来这里购物了。

【案例剖析】

在案例中，促销员在没有搞清楚是否当日买就能安装的情况下，为了促成销售，随便给顾客承诺，表面上该员工服务态度很热情，但由于许下的承诺无法兑现而让顾客产生上当受骗的感觉，造成了较坏的影响。

这种行为不是我们服务工作中所要求和提倡的"热情服务"，它不仅严重影响了企业的商业信誉，而且在日益激烈的同业竞争中，很可能因为此举而失去超市的老顾客，存不满而产生潜在的流失隐患。

【老板建议】

超市工作人员对顾客的承诺就是超市对顾客的承诺，已给顾客承诺的事情，工作人员应该把它作为重要且紧迫的事情去对待。

对于顾客来说，到超市购买商品往往不是一次性行为，如果以"诚信"博取顾客的信任，顾客将会成为超市的稳定客源。因此，信誉至关重要，是超市取得更广阔更强有力竞争后劲的保证。所以我们的服务不是用火热的语言去取悦顾客,而是用温暖的实际行动去赢得顾客。

编者小评

信誉是商家的生存之本,既然承诺就要兑现,为了眼前的蝇头而不惜牺牲自己承诺的行为,不仅会对自身的品牌形象带来极坏的负面影响,也会在日益激烈的商业竞争中使自己的路越走越窄。

两个老外演"双簧"

【场景导入】

2002年7月24日晚,天气又闷又热,在晚上八点左右的时候,两位穿着长袖衣和大马甲的外国人来到了某超市烟酒柜。因为是老外,营业员与收银员都对其表现出较为好奇的态度。当另一顾客在烟酒柜收银台付一条"芙蓉王"牌香烟的货款时,这两个老外突然打闹起来,而当班收银员,对此现象感到很好奇,站在旁边看热闹。突然老外把手伸进钱箱,抓起一把钱,分为两叠,稍后,又放回钱箱,而此时收银员并不觉得有什么异常情况。事后收银员将此事向收银课长反映,并声称未出现异常状况,收银课长也就未多考虑此事。当次日清点收银款时才发现短款了3000元。

【案例剖析】

1.当时,老外穿着长袖衣,外加一个大马甲,这种装束在大热天来讲

第八章 员工好,利润高

是一个很明显的反常装束。《手册》中已强调一定注意一些反常装束,这种情况往往就是当事人有不轨企图的表现。许多员工年龄较小,对外国人持有好奇心态,认为外国人都是有钱人,都是"好人",而对其放松警戒。有些老外就是利用我们员工的这种心态来进行犯罪活动的。

2. 收银课长在听到员工的汇报后,不及时处理此事,而是不了了之,造成短款。做为收银课长防损意识如此淡薄,令人感到吃惊。

3. 希望广大员工时刻保持清醒头脑,加强防损意识,把防损工作做得更好!

【老板建议】

经验总结的小偷迹象

1. 衣着宽大不合适的人;

2. 走路不自然,略显臃肿的人;

3. 拿着商品互相比较的人;

4. 折叠商品、压缩商品体积的人;

5. 东张西望,观察周围环境比挑选商品还细致的人;

6. 在卖场内逛几圈又回到原来位置的人;

7. 从商品盒下面打开包装的人(探囊取物,直接将内物取走)

8. 短时间内多次出入卖场的人;

9. 拿了商品不加详看就走的人;

10. 不买商品敌意叫走工作人员的人;

11. 扮成孕妇的人;

12. 同时进入卖场又分开者;

13. 购买与自己身份和消费层次不相匹配的人;

14. 将体积较小商品用钱包或报纸覆盖的人;

15. 不将小商品放进购物车内的人;

16. 将随身携带的包裹打开的人;

17. 称完散货将封口撕掉的人。

防范卖场偷盗的各种措施

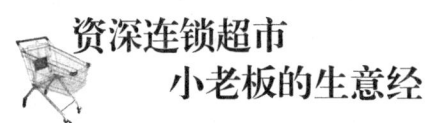

卖场布局和设计

首先,顾客进出口应该紧挨着。无论顾客是否购买了商品,通道的设置都要使顾客必须通过一个结账处和服务处。

其次,在留有紧急出口的情况下,要解决偷盗者可能从无人照看的区域的出口溜走的问题,可以把第二个门作为紧急出口,标写清楚"不许开门"。如果紧急出口位于店内的其他地方,也应作类似的标记,并提防暗自开启。

再次,"盲区"也为藏匿商品提供了机会。所以,"温室"、酒类部等类似区域的视线不应被遮挡住,或派专人经常察看。

最好是将公共休息室安排在卖场前面,并定期检查是否有丢弃的空袋子和价签。

防盗式的商品陈列

卖场前部的陈设不应挡住收银员投向收款台后面的通道及顾客流动区域的视线,必须能从所在的位置看清卖场的情况。

体积小、价值高且吸引人的商品,必须放置在收银员看得到或偷盗者很少有机会能方便藏匿的地方。如,电池、刀片、胶卷、香烟等商品。

实践证明,商品堆放的越高,偷盗者就越有机会秘密藏匿商品,而一般的货架陈列,商品都摆放至一人高,即在眼睛的水平线以上。

对那些偷盗者喜欢偷的商品,最好陈列在卖场靠里的货架端头附近。为避免引起偷盗者的注意,要经常改变其摆放的位置,最佳方案是放在卖场的人口附近。

理货员要具备防盗能力

某些超市缺乏对理货员的防盗训练,在管理上没将理货员当作防盗的一员,因此,在形势的逼迫下,应该对理货员进行培训,使其掌握防止卖

第八章

员工好，利润高

场偷盗所应采取的步骤。当发现卖场偷盗或出现不诚实的可疑者或察觉同伴正在偷盗时，才能确切知道应采取何种有力的措施。

若发现小孩在吃超市里的东西，而其父母却佯装不知的话，应采取和善的态度提醒一下，以达到收回货款的目的。

超市员工防盗能力训练

收银主管和前台经理的训练。

将停止收款的出口关闭，使顾客从有收银员值班的收款台通过。必须具有检查顾客携带进店包袋的权利。

应特别留意那些看上去"不顺眼"的顾客，必要时可派专人紧随其后。

收银员作为超市的最后屏障，她要做的就是提高警惕，干好自己的本职工作，不能因为别的事情而放松警惕，从而对超市造成损失。

便宜的排骨

【场景导入】

2002年7月7日，某超市13部促销员黄某在超市肉档买肉，肉档课长李某从操作间拿出一袋打好价的排骨交给她，其价格为30.8元。防

资深连锁超市小老板的生意经

损员见这袋排骨质量好,价格又很便宜,觉得有点蹊跷,就在黄某买单后重新将其所买的板油重新进行计量,结果实际价格为 40.8 元。经查:辛某与黄某是情侣关系,辛某利用职务之便,更改了价格,为自己谋取私利。

【案例剖析】

1. 身为管理人员的辛某,在岗位上利用其职务之便,为自己牟取私利,有背我们的职业道德。

2. 身为零售业中的一员,我们应做到"常在河边走,就是不湿鞋。"

3. 各级管理人员应在全员范围内加大"职业道德"方面的培训力度,时刻敲响法律警种。

【老板建议】

超市要不定时加强从业人员的培训,同时加强日常的监督、抽查,比如看到商品价格与实物有差异,带班管理人员就要有所警觉。另外,觉察到异常后,应加强定点监控,比如调看监控录像。

编者小评

如果一家超市的员工,以自己的职责便利,从超市中谋取利益,他的结果只有一个,就是被辞退。

第八章

员工好，利润高

"不翼而飞"的影碟机

【场景导入】

2002年8月24日下午，某超市所在社区停电，整个超市供电不足，灯光昏暗，交接班人员都在岗位上，人数非常多。这种环境为那些利欲熏心、意图不轨的人提供了难得的机会。家电部A课长便趁此时机，将不知从哪里弄来的发票拿到家电售后服务中心，声称有顾客要退货，而商品正在卖场试机，让家电服务中心人员提供退货小票，又利用职务之便开好退货单，并冒充顾客在退货单上签了名，然后让毫不知情的售后课课长B某签了字，B课长也未仔细询问，在没见到顾客及实物的情况下，草草地签了名，并通知服务台小姐办理退款手续，服务台小姐疑问："为什么退货？"，A课长答复："顾客刚买的单，现在无货。"服务台小姐也未再仔细询问，便到收银台办理了退款手续。就这样一台价值928元的影碟机退货款便轻易地被A课长装入了腰包。

事后，某员工提醒B课长："退货商品及单据怎么都没返回？"B课长这才有所警觉，马上上报部门助理和主管，核对电脑库存及实物，发现电脑库存少一台。

事后，公司对此事件的相关责任人给予了严肃的处理。

【案例剖析】

1. 此事件值得每位管理者和员工反思，它不仅是对零售业从业人员职业道德的考验，更是对一个人自身素质与品质的检验，做为一课之长的A某在卖场停电，工作现场比较混乱时，不仅不严守工作岗位，而且千方百计借此机会为自己牟取私利,这样的管理人员的行为实在让人不齿!

2. 身为部门管理人员在工作中应有高度的责任心,要在任何情况下保持高度的职业警觉心,以防部门管理运作中出现漏洞。(如果不是事后某员工的细心提醒,那么事隔很久后,价值928元的TCL DVD碟机不就真的"不翼而飞"了吗?)

3. 同时在此要告诫广大员工,工作中坚守岗位,把好关,以高度责任心对待各自岗位的工作,切勿以身试法,否则将会得不偿失。

【老板建议】

对于超市部门管理人员出现职责疏忽因受到相应的惩罚。惩罚是指企业因为员工个人的过错而做出的某些会导致他人不愉快或受损害的事情。惩罚具有减少员工收入、降低职位、取消某种福利待遇、增加工作量、批评等多种形式。适当的处罚可能改变员工的不良行为,可以规范员工行为,提高自觉性。但惩罚手段运用不当会引起员工愤怒、痛苦等不良的情绪反应,也会引起消极怠工、破坏公物、制造事故等破坏性行为,结果会导致企业缺勤率和离职率的上升等消极后果。因此,连锁经营企业在运用惩罚手段进行人力资源管理时,要注意核查事实,使受罚员工知道惩罚原因,心悦诚服地接受处罚;还要遵循惩罚标准一致、及时惩罚、私下惩罚、惩罚程度适当、适时停止等基本原则,正确运用惩罚这一重要的手段达到从反面激励员

作为超市里的部门管理人员,在处理自己职责范围的事,一定要注意按程序办事,要在任何情况下保持高度的职业警觉心,以防部门管理运作中出现漏洞。从而给自己带来麻烦。

第九章 货好才是真的好

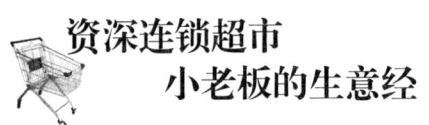
资深连锁超市
小老板的生意经

还原后的鲜肉

【场景导入】

某天晚上，一家商场在清场过程中，超市区员工在还原商品时，发现货架上有一袋打好价的鲜肉。估计是顾客选了肉后，因某种原因又不想买了，但顾客并没有将肉放回冻柜，而是随手将肉放在了超市的货架上。到晚上清场时员工就把鲜肉还原回了冻柜。第二天，恰有顾客买到了这袋肉，回家后发现鲜肉已变质，引发了顾客投诉。

【案例剖析】

1. 还原商品有明确的规定：还原商品时须坚持"先冷冻商品，再生鲜熟食，后普通商品"的原则，还原员须经常到各收银台和相关区域巡查，及时将顾客留在收银台或其他区域的商品还原归位；

2. 作为条柜的营业员同样有责任有义务把顾客留在你的区域的商品还原，爱护商品人人有责，每个人都应有"爱店如家"的意识，这也是职业道德所在。

3. 鲜肉是属当天销售的商品，若当天未销售完毕，在夏季就很容易变质，况且这袋肉还在常温下放置了一段时间。员工应具备基本的生活常识，在还原此类商品时，先将商品交给所在部门的工作人员，由其检查后再决定怎样处理，否则，顾客投诉就是不可避免的。其实这还是工作责任心的问题，看似不起眼的细节，忽略了就会引发大事。

第九章
货好才是真的好

【老板建议】

生鲜区损耗控制的防范

生鲜区管理的难点突出反映在两个方面：一是管理标准化的问题，生鲜产品的等级级差、易损易腐、特殊保质条件和手工加工制作配方的把握等等，都是生鲜区管理标准化和正规化的难点；二是强化管理之初将涉及到很大的工作量和损耗金额，因此对于管理者存在一个坚持强化管理的决心和相应的管理手段问题，既要有足够的思想准备和管理决心，也要具备丰富有效的管理方法、信息依据和分析手段。

由于损耗控制涉及面广而且复杂，因此要以全员损耗控制意识和高标准的管理制度为保证，辅之以强化损耗原因分析。减少损耗的基本防范可从三个方面展开：

损耗控制的制度保证

制度保证的核心目的是列出相关工作流程，找出关键控制点，以高标准的管理制度的制定和执行来减少各个工作环节中可能出现的损耗机会，降低损耗发生的几率。它起着全面预防的作用，但同时也带有一定的被动性，在这个基本思路中有几项工作要点特别值得注意：

（1）要根据各生鲜部组具体的商品类别的加工生产流程，制定出各项操作规范和管理工作制度，建立健全各个加工生产、服务、仓管等工位的岗位工作责任制；

（2）根据上述损耗原因分析和生产工作流程，进一步明确并列出关键控制点，采取切实可行的关键点检查和控制措施，以便针对损耗多发环节有重点地进行控制与管理5

（3）本着数字化经营理念，建立完善的损耗原因分析数据资料记录，每次重大损耗和事故的发生时间、环境、当事人、品种、数量、金额、原因等信息都应详细记录在案，定期对原始记录进行统计分析，将损耗控制要点及时提示给有关工作人员；指导、跟踪专项损耗控制工作的进行，最终使损耗控制工作建立在翔实的数据分析的基础之上。

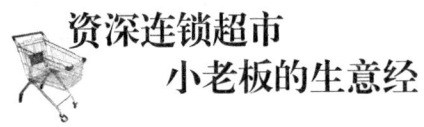

损耗控制的方法保证

方法保证是在工作制度执行过程中,不断总结经验,选择好管理重点,以良好的管理技巧和方法达到损耗控制的目的。

1. 把握好供、存、产、销之间的平衡关系

管理人员要与员工一起,注意做好同期销售记录的积累和销售总结,共同分析不同季节和节假日的各类产品的销售规律,平衡好供存产销的关系,提高原料和产品订货的的准确性,这种平衡是建立在长期的经验积累和销售记录分析的基础上。

2. 做好产品二次开发工作

所谓生鲜产品的二次加工和深度开发,就是将即将过期卖不掉的商品,提前回收,转到其他生鲜部门去加工成熟食制品、半成品配菜,或者其他促销赠品,这方面的转化品种较多,毛利也大一些。

生鲜品二次加工和品种深度开发建议归人适当的部门,以便灵活经营促成良好的转换,这是经常被忽略、却有助于降低生鲜损耗的方法。例如:

(1)切片面包可转制为:面包干、三明治;

(2)蔬菜水果可转制为:各式配菜、快餐、果盘、果汁;

(3)肉类可转制为:调理肉、半成品肉菜;

(4)水产品可转制为:半成品配菜等。

3. 有效期管理解决方法

生鲜商品的有效期管理是一项十分繁琐,但又必须认真对待的工作。有效期管理无序必将导致大量产品过期损耗,在这项工作中有几点细节需要考虑:

(1)安排专人整理货架,明确岗位责任或班组责任制;

(2)所有产品的封口纸颜色隔日交替使用,例如单日为红、双日为绿等;

(3)建立严格的有效期管理工作检查和复查制度。

第九章
货好才是真的好

损耗控制的培训保证

从生鲜区防范损耗的各种工作分析中可以发现，生鲜区的人员专业培训投入与损耗发生明显呈反比，专业培训对于减少损耗起着不可忽视的作用。这种培训一方面是生鲜区的相关操作规程及管理规范的培训、示范和演练；另一方面也是更为重要的是加强员工对生鲜商品属性和管理的认识，着重提高员工的商品认知水平，因为在实际工作中相当一部分的商品保管、处置不当的损失就是由于员工对所经营商品缺乏基本了解所致，而这方面的业务培训却常常会被忽视，这一点对目前初创的生鲜经营企业尤为重要。

> 有的顾客在超市购物时，突然不想要已放入购物车里的商品，往往会随手一放，所以超市工作人员要不时的去检查货架，以防容易变质的商品无人管理。

牛肉罐头中的蟑螂

【场景导入】

某天一大早，大牛超市的售后中心就接到一起顾客投诉电话，该顾客宋小姐说她昨天在超市买的××牌牛肉罐头中有一只蟑螂。原来，事情是这样的。

资深连锁超市小老板的生意经

周一下班后,宋小姐在大牛超市买了一罐××牌牛肉罐头。回到家,便把新买来的牛肉罐头给了男友,二人本打算煮面吃。突然听见男友大叫:"天啊,这里面的黑东西是什么?不会是蟑螂吧!"宋小姐循声望去,果真看到刚拆封的罐头罐里有只蟑螂。宋小姐一下火冒三丈,决定去超市投诉。售后中心服务员听了宋小姐的叙述,回答说:"这也不一定是我们蜂蜜的问题。请您仔细核查。"顾客听到后,更是火上加油,大声喊:"难道我诬赖你们?肯定是你们贪图便宜,进的劣质的便宜货。"边说边在商场里大喊大叫,并口口声声说要去"消协"投诉,引起超市许多顾客围观。

【案例剖析】

超市产品质量的管理是个面很广的问题,由于主要是销售,自己加工的很少,所以问题的控制主要源头不是生产的控制,而是采购和日常管理。

采购产品应该选择有质量保证的正规生产厂家或者厂商,此外还应索取每批产品的质检报告,对厂家进行考察等。此外,超市还应自己对产品进行定期或者不定期检验。这些都会从源头控制商品的质量问题。另外,就是产品物流过程中的维护和在仓库的保存,还有在货架上的维护。应该根据产品的特性进行有所区别的保存,如避光、干燥等。

【老板建议】

商品采购是决定卖场商品结构和质量的重要环节。为此超市应做好以下几点。

(1)超市与供货商签订《专柜经营协议》或《购销协议》时,经办人员应按协议条款要求,向供货商索取与商品质量有关的证照作为协议附件,并交公司核查后,存档备案。

(2)供货商在超市内销售商品的质量均应符合《产品质量法》有关条款的规定,并承担相应的产品质量责任和义务。

(3)专柜商品进场销售前,应由营业部门填写《新品申请表》,同时将商品实样交课长审核(大件商品可出样后抽样检查),查明商品的合格

第九章
货好才是真的好

证明、产品标识、外观质量等要素,杜绝"三无"商品进场。专柜商品审查合格后按专柜商品进柜流程操作。

(4)由代理商代理经营商品的,应提供具备法律效力的授权证明,同时在商品外包装上注明总代理在中国登记注册的名称及地址,进口商品标明的生产国家或地区应与供货商提供的海关税单保持一致。

(5)供货商按自营商品进货流程将商品送至理货部后,理货部工作人员应对商品外包装进行检查,对单价较高的商品应会同营业人员对内在质量进行抽样检查,检查合格后,按照自营商品进货流程操作。

(6)在仓库保管的商品应按存放要求妥善保管,进出仓时,进货人员应与仓库做好相应的交接手续,并对商品外在质量进行检查,对存在质量问题的商品不得进仓或支货销售。

近年来,不时的爆出,某某商品里有不明物体事件,这为超市进货敲响警钟,超市进货不能贪图便宜,而对质量不闻不问。

一大堆"假冒伪劣"产品

【场景导入】

陶小姐最近遇到了一件堵心事。一天晚上下班途中,在路上他看一家超市刮起了"超市亏本清仓大甩卖"的横幅,陶小姐一看有这等好事,便进去逛了一圈。看到货架上的产品比市场上便宜很多,陶小姐便买了

资深连锁超市小老板的生意经

5管黑人牙膏、4套霸王洗发水套装和1瓶名牌香水，总共花了258元。

付款时，卖场的收银员没有开具正规的收银小票，而是用手写了两张收据给陶小姐。回家使用后，陶小姐发现，牙膏一打开一股刺鼻的臭味就传了出来，别说用了，闻了就想吐，洗发水也和自己平时用的不一样，香水就更不用说了，一股花露水的味道。这时，陶小姐才意识到自己上当受骗了。陶小姐打开自己的手包取出超市开的那两张单据，只见上面只写着收款金额，并没有标明产品名称和商店名称。

于是陶小姐找到超市，收银员告诉陶小姐，老板不在店里，自己是被雇来负责收钱的，并不清楚这些商品的质量情况。他说，商品都是这家超市清仓后转给他们的。当听到陶小姐要联系工商局工作人员来处理此事时，收银员表示愿意全额退款给陶小姐，但遭到了陶小姐的拒绝。陶小姐认为，这家超市存在欺骗行为，出售的商品有可能是假冒伪劣产品，会危害到更多的消奇者，应该由相关工作人员来处理此事。

【案例剖析】

如何阻止假冒伪劣商品流入超市？首先是超市经营者要诚信经营，自觉把住商品进货渠道这一关。其次应在经营场所的显著位置公示承诺内容：不购入无合法资格者生产、销售的商品；不购入无中文标注的商品名称、厂名、厂址、无检验检疫合格证及其他伪劣商品；不购入、销售无生产日期、保质期以及过期商品；主动清理有关行政执法部门公示或告知的不合格商品，主动提供销售凭证，主动处理好消费争议；销售伪劣及其他国家明令禁止销售的商品，愿意按货值双倍赔偿。同时，还自觉接受社会各界和群众的监督。

【老板建议】

市场的激烈竞争告诉我们，超市要想取得一席之地，就要吸引更多的顾客光临此地，而吸引顾客惠顾的重要途径不是掺假和卖假，而是诚信经营，物美价廉，这才是商家经营的根本之道。

超市要防止假冒伪劣商品流入卖场，就要从下面三个方面着手。

第九章
货好才是真的好

要从正规渠道进货

超市需要的商品种类繁多，如何能进到物美价廉的真货，经营者要在拓宽供货渠道的同时，首先要从正规厂家直接进货，并与供货的厂家签订防假责任书；其次要实行直供采购，凡超市进货全由生产企业供应。这样，既可减少销售环节，又节省商品成本。

严格挑选采购人员

超市商品的进入，一般要靠销售人员的采购，因此严格挑选采购人员是防范假冒伪劣商品的关键因素。一方面，要把那些思想素质好，业务能力戮诚实守信，没有不良记录的员工纳入采购队伍；另一方面，要对采购人员建行信誉保证金制度，凡是担任采购人员的，在入职前要给公司交纳一定"的防假保证金，以促使其认真负责，真诚守信。

要严格实行奖优罚劣

超市内部员工凡是购假、使假、弄假和造假的要从严处罚。

超市本身不生产，也不制造商品，顶多是再加工而已，为了保证对嘲做到完整的货物供应，因此就必须依赖很多厂商供货。而目前国内物流发货不充分，一些特殊商品对运输要求很高，所以，超市应对供应商进行严格管理。

按照供应商分类与编号

超市所销售的商品范围相当广泛，故应对供应商进行分类管理。比如蔬菜水果类的供应商、副食类的供应商，再依各类别来编号，给予每一个厂商一个编号，这种编号大概四位码就可以了。

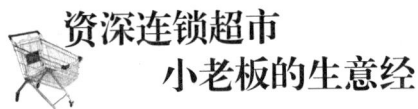

资深连锁超市小老板的生意经

建立供应商基本数据文件

将供应商的基本资料,包括企业名称、电话、地址、负责人、资本额、营业额、营业证,建立成基本资料卡,输入计算机存盘并管理,以便随时查阅。

建立供应商的商品台账

对于同一供应商所供应的商品的进价、售价、规格、数量、毛利率等商品资料要建立台账,以作为统筹商品的基础,进售或规格有所变更时要及时修改。

供应商评价

利用 ABC 管理法来管理供应商,把供应商评价分为 A、B、C 三级。A 级厂商常由主管亲自控制及管理,或由采购主管来决定合作方式。

> 顾客来超市购物,就是认准超市的商品时正货,然而一些超市却把假货卖给顾客,这样会使超市的声誉受到严重的影响。

第九章 货好才是真的好

一样的可乐怎么价钱不一样

【场景导入】

赵佳妮和舍友周末一起去逛街,由于天热,逛了一会就感到口干舌燥,这是佳妮发现前面不远处有一家超市,于是她们三人就进入超市买了三瓶可乐,可是,当赵佳妮三人去付款时,打出来的价格分别为2.00元、2.00元与1.90元。赵佳妮问收银员这是怎么回事,收银员说原因是这批可乐属于超市从深圳与广州订的两批货,所以价钱不一样。同一种可乐三个价钱,而且事先不向顾客说明,于是赵佳妮向消费者协会进行了投诉。

【案例剖析】

出现上面一品三价的主要原因是:

(1)采购对商品立项时应预先考虑到这一问题,这样可以让矛盾在源头得以化解,是解决此类问题的便捷之策。

(2)物价质检在核定价格时是否做过比较?是否将矛盾在后台已经解决?

(3)商品上柜前相关管理人员及员工是否认真检查?如出现问题有没有向物价质检部反映?

由此可见,只要大家用心去做,这类问题完全可以防患于未然,在超市内获得解决。这类问题之所以还是发生了,显然是由各个部门、各个环节的不负责任造成的,对超市的声誉造成了恶劣影响。"一品三价"给顾客的感觉,往小说是办事不认真,往大说则说该超市价格出现问题是欺诈

资深连锁超市小老板的生意经

哄骗顾客的行为。只要各个部门能负起责任，积极联动，就可以杜绝减少上述事件的出现。

【老板建议】

由于超市内部各个部门联动效果不好，难免就会出现"一品三价"、"一品多价"的问题。为防止这种事情发生，收银员在收银时，有责任确认商品价格的正确与否，这是商店价格管理控制的最后一道环节，收银员应相当熟悉商品的价格及价格的变动。如果一旦发现价格错误，应立刻向消费者婉转地解释。如消费者不接受解释，坚持按销售小票或按标签上的价格支付时，应尊重消费者意愿，因为这是超市工作的失误，同时向负责人报告，做好登记手续。相关部门应迅速把问题产生原因查清，纠正商品价格，补偿消费者损失，总结教训，避免在以后工作中再次发生。

同一种商品，价格却不同，这是超市在进货时的失误，发现这种情况时，一定要认真对待。以免使超市声誉受损。

第九章 货好才是真的好

怎么老是没货啊

【场景导入】

天气越来越热,赵阿姨的女儿一直吵着要喝菊花茶。于是赵阿姨便到离自己家不远的一家超市去买菊花茶。可到那儿后发现,货架上显示为缺货。赵阿姨想既然没货就过几天再来买。几天后,赵阿姨再一次走进超市,发现还是没有菊花茶,于是便问导购,导购说最近市场上菊花茶需求量大,仓库没有存货,所以一直缺货,至于什么时候有货她也不知道。前前后后,赵阿姨跑了好几趟,一个月过去了,一直没买到菊花茶。没办法,赵阿姨周末抽时间去了单位附近一家超市买到了菊花茶。但是赵阿姨也对前家超市失望透底,以后再买什么东西,赵阿姨直接去自己单位附近的超市,再也不去那家超市了。

【案例剖析】

在超市的运营过程中,货架缺货管理是非常重要的,不论你的商品价格有多吸引人,不管你的购物环境有多优美,如果没有商品陈列在货架上,消费者就无法实现其购买目的,而经营者的销售及利润也就无从谈起,尤其是畅销商品的缺货是严重影响卖场业绩和竞争力的。当顾客走进卖场,发现想要的商品却没有货,或是根本找不到此商品的任何标识时,他就会去其他卖场购买甚至以后不来了不买了;寻找其他商品替代,无形中降低了对超市的忠诚度。显然这会对超市的客流和市场占有率造成不利的影响。对于超市管理者而言,应注意以下几点:

（1）要对缺货有一个明确的定义（比如设定为可销售库存小于或等于日均销量二分之一），并可以以数据在报表上直观地体现出来，制定一个实际的目标来执行。

（2）订货方面。很多时候订单量太小，厂家运输成本过高，导致不愿送。

这类情况可以跟每个供应商确定一个最低起送量和送货行程，在订货表上显示，当某几个商品缺货却又无法满足最低起送量时加大该厂商其他商品量，满足厂商送货要求，单品的可销售天数尽量维持一致，订货时就可以所有单品一起订货，量就自然大了。

（3）已缺货商品标准化操作和查核。对于缺货商品一定要有缺货标识，缺货商品的陈列位置不变（可以用缺货标识盖住原价格，用少量相邻商品放在原陈列位置），每日列印缺货商品明细，营运部门注明陈列位置，放置缺货标识，缺货商品无订单的马上下单注明到货日期，让文职人员查核，追踪并确定到货日期。

【老板建议】

商场在经营过程中，经常会因为缺货而影响销售。那么，店长在检查工作时，如何有效地实现对缺货的管理呢？应首先将卖场的商品做一个大致的分类，然后根据分类对缺品的不同情况进行处理。

商品说明

（1）将全部商品分作三类：一是"70"商品；二是"30"商品、邮报商品、当令紧俏商品；三是淘汰商品、封仓商品和不可点商品。

（2）凡淘汰商品、封仓商品和不可点商品及预报进货商品在统计缺品时，均不应作为计算缺品的基数统计入内。

（3）业务部确定的门店邮报商品，必须征求营运部的意见后再实施；对入门店的邮报商品及其价格的确定，业务部必须征求营运部的意见后实施。对于业务部的征求意见，被征求部门磐须最迟在3天内给予明确答复或建议，否则视为同意。

第九章 货好才是真的好

着重加强对"30"商品的考核管理

（1）对"30"商品适当的罚款，如果缺品率达到一定比例，对店长和店长助理进行惩罚。

（2）检查时，"30"商品、当令紧俏商品缺品率高于一定比例的门店数达到一定比例时，可扣罚该区域督导奖金。在缺品比较严重时，应追究营运部和分公司负责人的责任。

（3）对门店"30"商品、邮报商品、当令紧俏商品的检查，由营运部副总经理确定检查次数、范围。由于自身原因造成缺品严重的门店，可酌情加重处理。

编者小评

在超市购物，遇到缺货属于很正常的事，但是超市方面一定要注意到这个问题，不能因为缺货，就让他一直"缺"下去。

库房里传出馊臭味

【情景导入】

某超市因为位于一个小区旁边，开业以来生意不错。夏天到了，天气逐渐热了起来，附近的居民就近在这家超市买些熟食品。

资深连锁超市小老板的生意经

这个周末,超市里仍是人来人往。顾客挑选着自己的商品。突然,一股馊臭味弥漫在整个卖场中。顾客们一个个表情苦涩难堪,掩着鼻子说:"什么气味啊?真难闻!"一位顾客说道:"是啊,是不是什么东西坏了啊?"

一时间,顾客纷纷"逃离"。值班经理见此情况,便顺着气味找去,最后发现气味是从库房里传出来的。于是便让库管员去查找。原来,这家超市并没有采购计划,只要看到什么原料快没有了,采购人员就去进货,进来的货就放在库房门口。而以前剩下的原料也不清点。所以一些原料因为时间太长,天气太热,过期而发出馊臭味。这时,值班经理让库管人员赶快清扫干净。

但是,自从超市里有馊臭味之后,许多顾客产生了"心理阴影",感觉在这家超市买东西不放心,就再也不来了。

【案例剖析】

"库存坏品"是指过期、包装破损而不能贩卖的商品或因停电、水灾、火灾、制造不良或保管不良而造成的瑕疵品。

不论是由卖场自由检查、消费者退货或因意外灾害产生的坏品,均应由营业现场主管再度确认是否真得无法再贩卖。

营业人员现场确认坏品后登记,将坏品集中装箱保管,同时通知采购人员,洽询换货的可行性。

若是厂商的责任,且仍有业务往来,则可换货或退货,否则须由超市业者自行承担损失。

做好坏品的销毁工作,食品类的应尽快销毁,防止其变质污染其他库存。坏品销毁时最好由验收人员会同进行,确实核对检查记录。

【老板建议】

超市仓库之所以会出现坏品,这说明了对仓库的管理不到位。良好的仓库管理不仅在月底盘点时清楚如何分析,而且在平时也要一目了然。做好仓库管理应注意以下几点:

第九章
货好才是真的好

（1）库存商品要定位，即将不同的商品按分类分区域管理的原则来存放，并用货架放置，不要在指定的场所外放置。仓库至少要有三个区域：第一是大量存储区，即以整箱或者栈板方式存储；第二是小量存储区，即将商品放置在陈列架上；第三是退货区，即将准备退换的商品放置在专门的货架上。区位确定后制作一张配置图，张贴在仓库的入口处，以方便存取。

（2）商品存放的原则是，较重的商品以及补货工作需花较多时间的商品应该优先放在仓库的入口处，以缩短补货路线。

（3）要注意仓库区的温度和湿度，保持干燥、通风良好。

（4）要注意严格管理，任何人不得随便出入仓库，管理人员下班后需锁好仓库大门。

（5）仓库存取货原则上应随到随存，随需随取，但出于效率和安全的考虑，应对作业时间进行规定。

（6）商品存取要考虑到省力与效率，最好购置台车、推车等。

（7）订货人员要与仓库管理人员及时进行联系，以便货到及时存放。此外，订货人员还要及时提出存货不足的预警通知，防止缺货。

（8）定期对仓库进行检查、消毒。发现坏品时要及时清理，并填表上报。

编者小评

超市作为作为一家购物场所，囤货在所难免，但是商品有一定的保质期，作为超市工作人员应经常检查存货，以免发生商品变质，影响顾客购物。

资深连锁超市小老板的生意经

来路不明的白酒

【情景导入】

李老板开了一家中等规模的超市,虽然生意不是多么好,但是每天来购物的人都是回头客,可谓是客源稳定。李老板由于还有别的产业,所以平时不在超市里,这天,他想去店里看看营业情况如何。一进超市,突然见到一个堆头前摆着几箱某种品牌的白酒。李老板感到非常纳闷,心想:"我没有代理销售这种白酒啊?"于是,李老板叫来一名营业员,问道:"这几箱白酒从哪儿来的啊,公司好像没有进过这个牌子的饮料啊?"

那名营业员一头雾水,摸着头说:"没有啊。这是从咱们的仓库里搬的啊。"

李老板听了,仔细想了想,确定自己的超市没有进这种牌子的白酒,感觉其中必有问题,于是,来到了库房。一进门,李老板就看到40箱这种品牌的白酒摆在仓库的门口。李老板叫来仓库保管员,问明究竟。

那名保管员一看瞒不住了,只能说出实情:"这是值班经理亲戚的饮料,因为他自己卖不出去,所以就让超市代卖。"

李老板听了,叫来了值班经理,值班经理一看事情暴露,就灰溜溜的辞职走人了。

【案例剖析】

显然,之所以会出现上面例子中的这种情况,是因为李老板没有做好仓库管理工作。那么如何做好仓库管理?应从以下几方面入手:

第九章
货好才是真的好

（1）对仓库内的所有物品必须全部登记造册。

（2）熟悉仓库内所有物品的摆放位置。

（3）详细登记当天物品的借出和归还情况。

（4）应该针对不同的个体采取不同的应对方法，做到心中有数。

（5）对仓库内物品的使用情况应该灵活掌握既坚持原则又能把工作做好的方法。

（6）仓库物品的使用情况和领取情况，当天记录一次，及时更正现有库存。

（7）对仓库内的物品，缺少的或者是影响销售的重要物品，应及时清点，撮交向贵人。其他的有待于今后工作过程中，逐步得以实践。

【老板建议】

超市仓库是引发超市损耗的重要场所，引起超市库房损耗的主要有以下原因。

（1）验收不正确。如商品数量不足；厂商套号，以低价商品冒充高价商品；促销赠品没有随货进入库房。

（2）移库作业流程不当。如店铺间移出入手续不完备；部门与部门间移库，财务处理不当；使用自用商品未确实填报或没有列入费用清单。

（3）员工管理不当。员工在库房内偷吃；员工夹带公司商品出库；夜间执勤时未恪尽职责，导致他人有偷吃偷窃机会。

库房一向是超市的重地，作为一个老板要了解自己库房里的货物，以免被人有可趁之机。

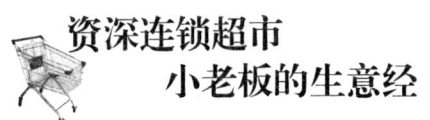

一包过期的牛奶

【场景导入】

北京丰台区的郭先生给投诉部门打电话,说他在超市买了一包某品牌的牛奶,结果在牛奶里喝出了意想不到的东西,让他们全家好几天吃不下饭。而前两天,儿子身体出现了不适,他怀疑跟这包牛奶有关。

郭先生的孩子今年6岁,在幼儿园上大班。买田早晚都要喝牛奶。郭先生说,前两天逛超市,正好看见牛奶在搞促销,就又花了10.5元买了一包。"喝着喝着,感觉味道有点不一样,很恶心,我好几天都吃不下饭。"

郭先生说,在这之前,孩子已经喝掉了八小袋,并且经常说肚子痛。到医院一检查发现孩子有点发烧、肚子痛,配了药。医生让休息几天。今天刚刚上幼儿园。"

郭先生这才怀疑孩子生病和这包牛奶有关。看看生产日期原来已过保质期有20天了。郭先生找到了超市、厂家和经销商。

郭先生说:"他们态度很差。应该有点责任感对不对?卖过期的东西给我们吃。"

他说,这个超市的牛奶他以后是再也不敢买了,身为人父,他最担心孩子的健康,他要超市道歉,再陪他的孩子去做个全身检查。经过协商,超市最后同意了这个要求。

【案例剖析】

各大超市都会定期推出一些特惠活动和捆绑促销的商品,而这些超市里的特惠商品、促销商品很大一部分都是保质期过半,或是临近保质期的

"临界商品"。这就需要各超市加强管理,对于将过保质期或已过保质期的商品要做到及时下架,以防被消费者误会,影响超市的声誉。而对于已经发生的出售过保质期商品的事件,对于消费者的投诉,超市应虚心接受,及时补偿消费者的损失,尽力挽回超市的声誉。

2007年11月1日国家《规范食品索证索票制度和进货台账制度的指导意见》开始实施,规定这些即将到保质期的食品(即"临界食品"),要在销售场所集中陈列或向消费者作出醒目提示。但这一规定不是强制性措施,只是指导性意见,目的在于引导商家尽量提醒消费者。北京、深圳、天津等城市已遵循这一倡导,开始推行这个明示保质期的规定,甚至在超市设立了"临界期食品专柜"。商家从试行效果看到,此方法不但不会影响销量,反而提高了商场的信誉度,节省了消费者的选购时间,更方便了超市的日常管理。

【老板建议】

民以食为天,食品安全是一个永恒的话题,对食品安全的控制也永远不会停步。如今,中国食品消费正在从"数量需求"转向"质量需求"。这更需要身处食品安全一线的零售企业做好食品安全工作。那么,如何避免食品安全问题呢?沃尔玛的做法或许能给我们加以参考。

以强大的硬件即冷冻冷藏设备作为食品安全的保证

每家卖场均设置了20余组冷冻冷藏商品展示柜和约500立方容积的冷冻冷藏库。大型专业的净化水处理机保证鲜食区域用的都是卫生的纯净水。后台一组组、一排排全不锈钢鲜食加工设备大部分都从国外进口,卫生消毒装置被安放在鲜食区的每个角落。

设立专职维护和监督部门

食品采购与安全监督分属不同的部门,以保证商场食品质量监控的独立性。公司资产保护部负责食品安全的总体管理。资产保护部设立由食品专业人士组成的质量保证专家小组,负责制定、推动和实施食品安全管理程序。

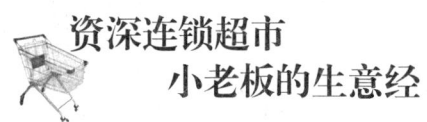

数字体现执行标准

制定了大量的程序和标准要求店内员工执行以确保店内的卫生安全操作,这些标准很多都是实实在在可以监控的数字。比如,在店内熟食加工过程中,员工进入操作间需要用水温超过43度的温水搓洗双手20秒;冷熟食在0~4度销售,热熟食在60度以上销售,如果温度达不到60度,展示4小时后丢弃;烤鸡出炉温度至少达到82.2度;冷冻库温度严格控制在零下18度以下,保鲜库控制在0~4度;生鲜原料送达商场后必须在30分钟内进入冷库保存;冷库内食品及原料存放离墙20厘米,离地15厘米,确保温度均匀冷气畅通;冷冻畜禽原料在低于21度的流动水中解冻或在保鲜库内存放3天;热熟食销售期为1天。

在超市收货处检测食品温度

目前,国际社会都是采用"从农场到餐桌"的理念对食品安全进行控制和管理,这同时也是沃尔玛的管理理念。沃尔玛曾经教育、培训甚至劝说供应商投资这些设备去达到食品安全的要求,并在超市的收货处检测食品温度以保证安全,现在沃尔玛仍在逐步推动这项工作。

此外,大家普遍关注的食品中过敏性物质的管理和标识,营养标签的明示制度,食品的召回制度等,已经为公司管理层所关注并有可能率先实施。

牛奶属于消耗品,保质期很短,因此超市经常把快到期的牛奶低价促销,顾客在购买时要注意生产日期与保质期,以免喝了过期的牛奶。

第九章 货好才是真的好

这送货速度也太慢了

【场景导入】

今天是冯先生乔迁新居的日子。一大早两口子便高高兴兴地来到了一家超市,准备他自己新家的厨房好好布置一下。精挑细选,两口子买了煤气灶、消毒柜、洗碗机、油烟机。

超市负责人答应,马上安排送货。只是冯先生选好商品后当时已经是下午了,超市负责人让冯先生留下电话,说是第二天早上11点左右就能送到。

第二天一大早,冯先生就到了新房里等着。快12点了,仍然没有消息。冯先生打电话在问超市负责人,超市负责人说送货员早上9点就出门了,还给了冯先生送货员的电话。冯先生打过去,说是堵车,还有一站路就到了。冯先生便急匆匆地下楼去接,这一接,就又等了快两个小时。

货到了,只有煤气灶和洗碗机。消毒柜和油烟机怎么没有送来呢?冯先生只好又打电话到超市去问。得到的答复是,他所选的那一款消毒柜,因为是超市里的特价商品,所以要另外单独送货。据说也已经送出来了,让冯先生再等等。

就这样,冯先生一直在新家等到了晚上10点以后,当送货员到了,冯先生一看,只有消毒柜,还是没有油烟机。冯先生一气之下打电话给客服中心去投诉,这样冯先生才在3天后的上午收到油烟机。

资深连锁超市小老板的生意经

【案例剖析】

出于服务竞争的考虑,越来越多的商场开展了对于顾客的配送运输。按照配送的费用和方式,可以分为以下两大类四种方式。

按照顾客是否付费分:免费送货;顾客付费送货。

在国内企业中,免费送货比较普遍,在跨国企业中,比如沃尔玛山姆店、麦德龙等付费送货比较普遍。免费送货增加了销售机会,增加了企业的费用。顾客付费送货,减少了企业销售的机会,但是也减少了企业的费用支出,便于更低的价格竞争优势。

这个问题是仁者见仁、智者见智。

按照时间:指定时间送货;非指定时间送货。

指定时间送货,提供了优秀的顾客服务,但是造成了运输成本的大幅度上升,但如果还是免费送货的话,超市就应该多加留意成本了。有一家连锁企业,提出即时送货,大大增加了运输车辆和单次运送的成本。这些成本最终会体现到商品价格之中,从而削弱价格优势。

非指定时间送货,通常只承诺48小时或者72小时,这样会增加整合运输的机会,减少车辆和运输费用。

【老板建议】

服务和成本是矛盾和统一的东西。好的服务必然带来高的成本,追求成本的结果可能就是牺牲服务。怎么样去找这个平衡点?还需要在实践中不断研究探讨。

超市还根据经营商品进销的不同情况和商品的ABC分析,按三种类型的物流来运作:

第一种是储存型物流。这类商品进销频繁,整批采购、保管,经过拣选、配货、分拣、配送到门店。

第二种是中转型物流(即越库配送)。即通过计算机网络,汇总各门店的订货信息,然后整批采购,不经储存,直接在配送中心进行拣选、组配和分拣,再配送到门店。

第三种是直送型物流。即由供货商下经过配送中心,直接组织货源送往超市门店,而配货,配送信息由配送中心集中处理。

超市配送注意事项:

(1)分拨配送运输都有时间上的要求,注意准确送达的时间,注意分拨货物的准确性以及搭配比。

(2)路线的优化。物流被称第三利润源泉,其中成本控制是最重要的一链,配送运输又是该环节上最不可控的因素。车辆多走一条街,多转两个来回,成本自然就要大幅上升,所以路线的优化配比,以最经济的路线将所有货物送达目的地是配送运输中知识量最多的环节。

(3)零仓储控制。仓储就会产生成本。如何优化货物配比,使所有分拨货物减少仓储时间,最快到达客户手中也是配送运输要注意的重要环节。

现在销售业竞争异常激烈,很多商家都提供免费送货上门服务。但是超市为了节约成本,会分批送货,就造成一起订购的商品却要分好几次送到,而且前后时间还很长。

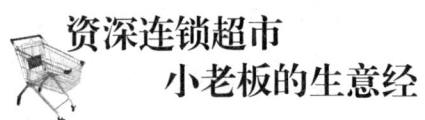

冰箱上面的划痕

【场景导入】

"五一"期间,梁小姐在超市里逛了一天,精挑细选地购买了一台双开门的环保冰箱,由于是电器,所以超市负责送货。在约定的日子冰箱被送至家中,送货人员现场进行了安装和冷冻保鲜的调试,看着崭新的爱机,梁小姐爽快地在送货单上签了字。可是老公回家后,仔细查看发现了几道划痕。梁小姐立即去找商家要求调换,但营业员称超市已没有梁小姐所购买的同款冰箱,只能调换其他品牌的电冰箱或作退货处理。梁小姐拒绝了。后经当地消协调解,最终超市按原价退货,并补偿500元。

【场景剖析】

超市物流系统构筑目的就是要向门店(或客户)提供满意的物流服务,而影响"门店满意度"的"物流服务项目"大致可归纳为以下几方面:商品结构与库存问题;配送过程如何确保商品品质;门店紧急追加减货的弹性;根据实际情况安排配送时间;缺品率控制;退货问题;流通加工中的拆零工作等。

由于配送工作的宗旨就是让客户满意,如果达不到让客户满意的程度,那么显然配送工作得不偿失。这是需要每个超市物流管理者值得深思的。

【老板建议】

造成配送中心盘点损耗的原因有:供应商提供的商品本身有问题而在验收时没有检验出来;库房管理损耗、运输损耗。

解决的办法有两个:一是配送中心对全部进货逐个单品验收;二是根

第九章
货好才是真的好

据对供应商的商品质量的评估，确定不同的抽样验收比例，但抽样验收比例要保证经验收合格的商品实际合格的可靠度要高，因抽样造成的损失由总部承担。

对于由库房管理损耗、运输损耗造成的盘点损耗应有配送中心承担责任。

顾客选择超市送货服务，就是为了方便。然而顾客发现自己送过来的商品出现问题，这样的话顾客很容易对超市产生不信任，所以超市一定要把好送货这一关。

第十章 财务是个大问题

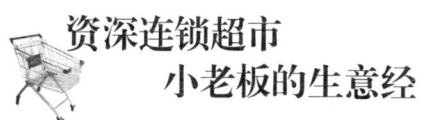

资深连锁超市小老板的生意经

顾客付款时用的是假币

【场景导入】

筹备了几个月的××超市隆重开业,一时间,顾客纷至沓来。而在这些顾客里,一名身穿白衣,长发飘飘的女子格外"引人注目"。

从超市开业到中午,这名女子已经在超市进进出出十多次了。下午这名女子第20次前来购买物品!每次前来,这名女子都只象征性地买点日常用品,而每次都掏出一张崭新的百元大钞。这一回,收银员突然发现:这名女子递来的钱手感光滑、色彩暗淡。"这张钱是假的!"收银员将钱还给了该女子。"怎么会呢?"黑衣女子露出惊讶的神情,随即要回了钱,继续在超市里闲逛。

几分钟后,该名女子又买了几根火腿肠来到收银台前,摸出一张百元大钞。这张钞票是真的,但已经晚了。超市老板已经在门口恭候多时:"请留步,还有一些事要找你!"黑衣女子闻声脸刷地一下青了。

原来,就在黑衣女子取火腿肠的时候,超市老板发现,他们收到的为数不多的百元大钞里面,竟有19张是假钞,而且钞票上的编号和黑衣女子手里假钞都是一样的!"我还以为遇到了大主顾,原来你署到业这里枭换假钞的!"超市老板气急败坏地说。

【案例剖析】

白衣女子之所以能够19次得逞,关键就在于超市收银员防范假币的意识较淡薄。超市收银员应该熟悉辨认真伪钞的方式,避免收到假钞,造成店内损失。除此以外,收银员在辨认大钞真伪时,还应注意方式,不要将钞票高举在灯光下面照射,这样很容易引起顾客的反感,最好的方式是用

第十章
财务是个大问题

手触摸辨识,如果有异常,就应请相关主管现场处理。如果有条件,每个收银台旁边都市该配备验钞机。

【老板建议】

收银作业中的每一个步骤以及每一个环节,都是为了让超市在现金管理上能有良好的制度与规范。但是好的制度如果未能予以有效地执行,或是没有操守良好的执行者,仍然会有许多弊病产生。

为了及时发现收银作业上的人为弊端,并且矫正收银员在执行任务时的不良习惯及错误的收银作业,各超市应设立专门人员负责执行收银稽核作业。这对一个超市的财务管理来说很有必要。

鉴别假币和变造币的方法:

假币是指依照真人民币纸张、图案、水印、安全线等原样,利用各种手段非法制作的伪币。

1. 如何识别假币

(1)纸张识别:人民币纸张是采用专用钞纸,成份是棉短绒和高质量的木浆,具有耐磨、有韧度挺括、不易折断的特点,抖动时发出清脆的响声。

(2)水印识别:人民币水印是在造纸过程中采用特殊工艺,使纸纤维堆积形成的水印,具有层次分明、立体感强,透光观察清晰的特点,而假币水印模糊,无立体感,变形较大,用浅色油墨夹印在纸张正背面,无须迎光透视,就能看到。

(3)凹凸技术识别:真币特点是图案层次清晰,色泽鲜艳,立体感强,触摸有凹凸感。而假币图案平淡,手感平滑。花纹图案模糊,并且有网点组成。

(4)荧光识别:50元、100元面值的人民币分别在主图案两侧在紫光灯下能显现面额"50…100"和"wu SHl…'YI BAl"字样金黄色荧光反映,真币吸光,整版放在紫光下无反光反映。而一般的假币在紫光灯下没有暗记,个别是虽有暗记,但暗记颜色为白色并不清晰,纸张有明显的荧光反映。

(5)安全线识别:真币安全线是立体实物与钞纸溶为一体,无凸起有手感;假币一般是印上或加入的立体实物,会出现票面皱褶,分离现象。

2. 如何识别变造币

变造币是指拼接的假币，人为将真币的一部分与假币的一部分两个不同部分的纸张拼接而成的一张假币，这种假币要仔细辨别。

例如：九九版壹佰元人民币防伪识别

固定人像水印：位于正面右侧空白处，迎光透视，可见与主景人像相同，立体感很强的毛泽东头像水印。

红蓝彩色纤维：在票面空白处，可看到纸张有红色和蓝色纤维。

磁性微缩文字安全线：钞票纸中的安全线，迎光观察，可见"RMB 100"微小文字，仪器检测有磁性。

手工雕刻头像：正面主景毛泽东头像，采用手工雕刻凹版印刷工艺，形象逼真传神，凹凸感强，易于识别。

隐件而糯新字！正面右上方有一椭圆形图案中，多处印有胶印缩微文字，在放大镜

下可看到："RMB"和"RMB 100"字样。

光变油墨面额数字：正面左下方100字样与票面垂直观察为绿色，倾斜一定角度则变为蓝色。

阴阳互补对印图案：票面正面左下方和背面右下方均有圆形局部图案，迎光观察，右背面图案重合成一个完整的古钱图案。

雕刻凹版印刷：正面主景毛泽东头像、中国人民银行行名，盲文及背面主景人民大会堂等均采用雕刻凹版印刷，用手触摸有明显的凹凸感。

横竖双号码：正面采用横竖双号码印刷（均为两位冠字，八位号码）横号码为黑色，竖号码为蓝色。

编者小评

    经营一家超市，不免要和钱打交道。如何识别钞票的真假，将是每一个收银员必须具备的基本业务知识。

第十章 财务是个大问题

少找钱还不承认

【场景导入】

住在女儿家的吕老太太,一大早来到楼下超市采购午餐所需的食品。等到排队付款给收银员 100 元,需找回 53 元时,收银员却只找给 33 元。吕老太太见收银员少找了钱就向其讨要,谁知收银员却信誓旦旦地说已经找足钱给你了,还对其找的纸币面值和颜色进行了描述。老太太不服,将全部口袋都翻出来给收银员看,表明并没有收到那 20 元钱。

争执中,收银员时不时用侮辱性的语气训斥吕老太太。吕老太太要求收银员盘点的主张也被无理拒绝。因为收银员语气里充斥了对吕老太太的侮辱和诋毁,也因为吕老太太必须通过盘点查账才能证明自己的清白,所以吕老太太坚持维护自己的合法权利,在一旁等待收银员的盘点。收银员则干脆无视吕老太太,将其撂在一边,继续工作。一直到下午,超市方面才派出一位负责人调查调解此事。此时距吕老太太与收银员发生争执已经有 3 个多小时了,吕老太太在这 3 个多小时内受尽了屈辱与劳累。最后,经盘点核实,确认收银员确实少找了 20 元给吕老太太。吕老太太的女儿听说这件事后,马上打电话到消费者协会尽心举报,消费者协会核实后,勒令超市收银员当面向吕老太太道歉,并赔偿精神损失费 1000 元。

【情景剖析】

收银员在作业过程中难免会有收银错误发生,对此,一是要及时发现,二是要及时更正,三是要做好事后的检查工作。

（一）收银错误发生的原因

收银发生错误，既有收银员方面的原因，如多打或少打价钱，导致结账发生错误，以及现金收付发生错误；也有顾客方面的原因，如顾客携带现金不足，顾客临时退货等。

（二）结账发生错误时的处理办法

结账发生错误时，不论顾客对错，都必须预先致歉，并立即更正；如商品价多打，目账单尚示打出，可询问顾客是否还要购买其他商品，如顾客不需要添购其他商品，则应将账单作废重新打单；如账单已经打出，应该将错打的账单收回，并重新打单并请顾客在作废单上签字，填妥作废账单记录本，并及时通知相关主管签名作证；如顾客携带现金不足，可建议顾客办理总值商品退货，已打印出的账单应放回作废，并礼貌地请顾客办妥相关手续；如顾客决定不买要求退货时，仍须保持热情的工作态度。

（三）收付发生错误时的处理办法

收银员下班之前必须先核对收银机内的现金、准现金和当日中间收款（营业过程解缴金库的款项）的数量与收银机结出的应收数额是否一致。若发生收付差错，应分析原因，并由收银员写出报告书。当收付差错超过规定限额时，无论缺额还是盈余，收银员皆承担相应的经济责任。

（四）作废账单处理办法

作瞻账单应及时登记在作废账单记录本上。

【老板建议】

超市难免会出现收银差异的状况，因此这就要求收银员下班之前，必须先核对收银机内的现金、准现金和当日事先收入金库的大钞的合计数，以及收银机结出的累积总账条上的应收数额。若二者金额不符，出现收银差异，且差额（不论是短缺或盈余）超过一定额度时（此数额可依各超市的营业状况决定），应撰写报告书，说明短缺或盈余的原因。

若是金额短缺，主管可依据收银员个人的经验、收银机当日收入金额，分析短缺系由人为或自然因素所造成等情形做一一分析，以决定是否应由收银员赔偿该笔缺额，或是部分赔偿。

第十章 财务是个大问题

如果是发生实收现金超过应收现金时，亦应由收银员支付同等的金额。因为当现金出现盈余时，表示有顾客多支付了购物金额，将有损于超市及员工的形象。

从超市长远利益考虑，也为了要求收银员在执行任务时的正确性及专业性，收银员在金钱收支方面，不论是盈余或短缺，都应由收银员自行管理负责，这就要求强化收银人员的责任感，并可减少舞弊情况的产生。

> 收银员在工作中难免会出现错误，这是不可避免的。在发现收银错误时要第一时间向顾客道歉，而不是拒不承认自己的错误。

这么大的超市竟然没有零钱

【情景导入】

张先生在下班回家的路上，烟瘾犯了，在一家超市，一位顾客拿出10元钱想买一包零售指导价为8元的"红塔山"香烟。收银员面露难色："对不起，一元的零钱刚好用完了。要不，您顺便买个打火机吧？……''我有打火机，不需要。"顾客拒绝了。"那么您买包10元钱的烟吧，这里有'云烟'、'白沙'，还有'红双喜'和'娇子'。"超市自然不愿意错过这笔生意。"可是我比较喜欢抽'红塔山'！"顾客也面露难色。这时，刚好有位顾客进店，掏出零钱买了一包"七匹狼"，收银员总算有零钱找给刚才那位顾客，不禁松了口气。因为缺两元钱零钱，超市差点儿错过一笔生意。

【案例剖析】

超市每天人来人往，资金的流动非常大，尤其是零钱。目前，零钱紧缺成为很多超市面临的问题。一向不为人所看重的"小钱"，在结账时竟造成了不小的麻烦。就如上述案例中，因为超市没有零钱，差点让一笔生意擦肩而过。

所以为应付找零及零星兑换之需，每天开始营业前，各台收银机必须在开机前将零用金准备妥当，并铺在收银机的现金盘内。应注意的问题是：

（1）零用金应包括各种面值的纸钞及硬币，其数额可根据营业状况来决定，每台收银机每日的零用金相同。

（2）收银员应随时检查零用金是否足够，以便及时兑换。

（3）零用金不足时，切勿大声喊叫，也不能与其他的收银台互换，可利用铃钟或广播的方式请相关主管进行兑换。

（4）执行零用金兑换作业时，应填写"兑换表"，并由指定人员进行。

【老板建议】

如今，大量零钱"沉睡"在居民的存钱罐里。零钱"沉淀"于民间，造成流通出现麻烦。

那么该如何解决这一难题呢？以下方法，

收集顾客手中的零钱

因为硬币分量较重，不便于携带，因此很多人习惯随手将硬币丢在家中的某个角落。如果把这些零钱聚集起来，可能是一笔很大的数额。因此，商家要改变零钱紧缺的现状，可以提倡顾客多带、多用零钱购物，把大量的零钱从顾客的家里、抽屉里、口袋里、储蓄罐里激活。

第十章
财务是个大问题

收集特殊行业的零钱

当许多店主在为"化整为零"烦恼时，一些小商小贩也在为"化零为整"的烦恼。因为清点零钱是费力。一些银行人员对收取零钱态度不积极，零售客户可以根据这些个人或单位的"困惑"，以解燃眉之急。这样双方都有好处。另为，公交公司也有一定的零钱。

推广电子结算

推广和普及电子结算可以避免一些找零的麻烦。现在，很多超市都欢迎顾客用银行卡或者信用卡结帐，有的超市还会像顾客出售面值卡，顾客购买面值卡后，可以直接在刷卡机上结算。采用电子结算不但能避免找零带来的不便，还能免去营业员对收到假币的担忧，一举两得。商家所要做的是根据店铺的

调整部分商品的价格

一些商家在制定商品的价格时，为了造成价格低的假象，故意将原先卖10元的商品定价为9.8元或9.9元，认为的造成很多找零的麻烦。超市应在符合国家有关规定的情况下，9.9元的商品标价10元，5.1元的商品标价5元。这样虽然不能完全解决"找零难"的问题，但至少可以缓解一下。

编者小评

零钱，是一家超市的灵魂，一家超市如果没有零钱，那么它就抓不住顾客的心。

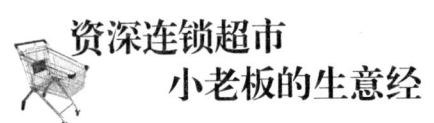
资深连锁超市小老板的生意经

收银员的"计谋"

【场景导入】

吕老板最近在核查自己超市的销售记录时,发现销售的商品与账面总是对不上号。经过自己的一番调查,总算搞清楚事情的原委了。

原来有一位收银员在收银时频繁取消顾客所购物商品,在前一个顾客大额买单没要电脑小票的空当,将此单挂起,再随便打个如棒棒糖之类小商品。直接点收银,然后在监控摄像头下将小票取下来撕掉丢在垃圾筒里。不管是录像还是防损员,乍一看去,她是打出了小票,只是顾客没要,于是撕了丢到垃圾筒里了。在顾客离开后,虽然用小商品出票了,但前一单仍处于挂单状态,她再调出来,对部分商品进行取消操作(如果有全单取消的权限也许会全单取消),最后才按收银结账,这样她便能迅速地算出钱箱里有多少钱"是自己的",找个机会便拿出去了。

这个收银员将整个过程做得滴水不漏,如果不费一番脑筋还真不能发现。吕老板明白真相后非常生气,当下就把那名收银员大骂一通,然后就把她辞退了。

【案例剖析】

收银漏洞就是指收银员有这样那样的损公肥私行为,将本不属于自己的钱据为己有,超市方却又无法做到真正的控制。这样的行为放任下去,必将导致此超市内盗成风,遗患无穷。因此,在收银作业中的每一个步骤以及每一个环节,在现金管理上都要有良好的制度与规范。

第十章 财务是个大问题

【经营反思】

任何收银作业上所产生的人为疏失或是舞弊行为,都会影响到超市的营收,让其他工作人员为销售所做的各项努力都化为乌有。

为了及时发现收银作业上的人为弊端,并且矫正收银员在执行任务时的不良习惯及错误的收银作业,超市应设立专门人员负责执行收银稽核作业,内容如下。

收银台的抽查作业

为了评核收银员为顾客做结账服务的工作表现,稽核人员(或店长)应于每天在不固定的时间随机抽查收银柜台。

(1)检查收银机结出的总营业账目与实收金额是否相符,并登录于"收银机抽查表"。

(2)核对总营业账目的折扣总金额,与该收银柜台"折扣记录单"记录的总额是否相符,以稽核收银员是否私自给予顾客过多的折扣额。

(3)检查收银机内各项密码及程序的设定是否有变动,避免收银人员利用收银机舞弊。

(4)检查每个收银柜台的必备物品是否齐全。

(5)收银员的礼仪服务是否良好。

(6)是否遵守收银员作业守则。

收银机的抽查作业,不仅可以评核收银员的工作表现,还可以检核收银员是否依据规定的作业执行任务,以便立即纠正收银员的错误观念。

清点金库现金

清点金库内所有现金及准现金的总金额,与"金库现金收支本"登录之总金额是否相符,其点数的范围除了大钞之外,还应包括小额现钞及零钱袋。

此项稽核作业可以避免负责金库的相关主管人员，趁机挪用公款移做私人用途。

每日营业结算明细表的正确性

每日结完当日营业总账后，必须将单日营业的收支情形予以记录，将其为相关部门在执行会计作业时的依据。因此，记录表的登录是否正确，将影响到超市各项财务资料的计算以及日后营业方向的参考。有鉴于此，稽核人员有必要检查超市人员登录账表的作业情形。

核对"中间收款记录本"与"金库现金收支本"

每台收银机过多的现金大钞必须依规定收回金库保存，而且每次收取现金大钞的时候，必须同时登录"中间收款记录本"及"金库现金收支本"。

由于前者系由收银员与主管对点记录，而后者则由相关主管自行处理。因此，稽核人员须检查每台收银机的"中间收款记录本"与"金库现金收支本"是否相符，以及每次执行中间收款作业时，是否确实填写没有遗漏，以查核相关主管对于现金收支的处理是否诚实。

收银员整天和钱打交道，难免会产生出一些想法，利用职务之便，窃取超市利益。这将是对老板的一个考验。

第十章

财务是个大问题

采购真是个"肥事"

【场景导入】

一外资企业总经理的司机向老总提出辞职,总经理大惑不解:他们这里的司机待遇很高,为什么会辞职呢?经理这么一问,这位司机说:"他打算去超市干采购员。"经理更加不明白了:为什么司机愿意放弃高薪,去做一个既辛苦、工资又不高的采购员?

某超市采购员小高自曝里面内幕,超市采购赚大钱"高招"多多。小高透露,目前大家的做法有三种。

一是进场费。比如,公司的指标是每种商品6000元,但是采购员告诉供应商的价格,却是12,000万元。双方谈判,最终把价格"降"到8000元。因为这笔费用不需要开发票,采购员就自己得4000元。

二是订货数量。市场上商品种类太多,每种该订多少,都由采购员掌握。为了多做生意,供应商一般都会"心领神会"地表示感谢。

三是商品价格。一般说来,超市给采购员的任务是,需要保证公司有20%以上的毛利。就拿毛巾来说,市场价格10元,采购员只要不高于8元就可以买了。可事实上,厂家出售的价格只有4元。于是,采购员有意增加一个环节,通过贸易公司"转手",超市的采购合同中,单价就成了6元。

【案例剖析】

采购环节上的腐败是一个世界性的问题,发达国家也存在。不仅是超市、便利店,其他行业也有这方面的问题。问题来源于两方面:一个是企业层面的，即企业所收取的各种费用，让腐败有机可乘。另一个层面是采购员本身，中国的供应商不少是私营企业，经营"灵活"，采购员不自爱，就容易产生问题。管理企业需要激励与控制。而在相当长的时间内，控制更重要。

【老板建议】

采购是超市的门户，采购部采购回来原材料的价钱的高低不仅决定着商品的质量，在一定程度上还制约着超市的效益。如何才能抓好采购过程中的漏洞呢？

物价核定小组

物价核定小组的成员由采购部经理、行政总监、财务总监、店长组成，他们的共同职能是当采购员需要采购一批大宗物品时。统计员和采购员要先提供两个以上的供货点以及报价给物价核定小组做参考，物价核定小组会不定期的到市场上考察供货点和价格，然后根据调查的结果决定购买地点和价格。这个小组的另外一个职能是确定对外招标物品的供货商。当超市需要通过招标的方式确定供货商时，比如酒水、蔬菜、家禽、粮油等的供货商家以及洗涤厂家等，物价核定小组要根据各家供货商提供的价位和物品质量确定哪家中标。这样做不仅限制了采购员的权限，还因为采购部经理、行政总监、财务总监、店长四人共同把关，杜绝了采购中猫腻事件的发生。

统计员

统计员是超市一个特殊的职务，既不属于前台也不属于后勤，主要的工作就是每天到市场上调查各种原材料的价格，然后把调查的结果提供给物价核定小组，以便于物价核定小组制定每日的供货价。除此之外，统计员每天还要帮助财务核对实际收款和厨房的出菜单据的准确性。简单地说他就是一个市场调价员。

第十章
财务是个大问题

采购员

　　超市采购员的人数要根据超市的大小设置，如果超市的规模比较大，就要设立专门的采购部，由采购经理、市场审计、采购员、库管员组成。如果是小型的超市，只设置一名采购员就可以。一般采购员的直接上司有两位：采购经理和财务经理。采购经理主要负责日常工作安排及考勤管理，财务经理负责账务的监督管理。采购员的主要职责是负责公司物品的采购工作。在采购时要注意以下几点：

　　1. 审核各部门提交的采购计划是否已经由相关部门或主管领导审核批准，申购单是否要素齐全，真实有效，没有审批的申购单应核实后再执行；

　　2. 及时与库管沟通，看所需采购的物品是否还有存货，各部门提交的采购计划是否有重复，是否可以进行合理调剂，经确认后再执行；

　　3. 在采购时发现市面供货情况不能满足超市需求时，不能私自做主换购其它物品，需迅速向申购部门反馈信息，协商解决，

　　4. 在采购过程中及时了解掌握市场物品价格信息的变化，把可靠的供货商信息和采购地点提供给物价小组，便于物价小组备用，如果发现更合理的采购方案要及时向相关部门汇报；发现对超市有用的市场信息要及时与相关部门沟通；发现新上市的商品信息应及时上报，供其引进新货参考。

第一步 审核申购单

　　每晚下班前店长和财务总监要将审查好的申购单签字后交给采购部。申购单为一式三联，一联留底用，一联交给库管员，第二天验收货物时核对数目用，一联交采购部作为采购物品的清单。如果单项物品超过200元，或者属于新增加的物品，应先交给总经理审查，总经理签字同意后才能生效。

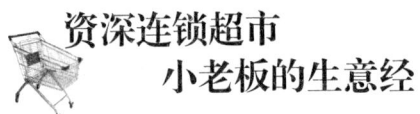

第二步 采购员购货

采购员接到申购单后,要及时和库房联系,根据申购物品核对库存,确定该物品已无库存后,再去市场上采购,对于那些定点采购的物品,采购员可直接电话通知供货商准备好次日需要的物品。采购时要索要正规发票并准确填写抬头。

第三步 物品入库

采购员采购回所需原材料后。如果是直拨物资,库管员根据前一天的申购单和购买凭证验收货物的数量,厨房验收货物的质量,审计员根据物品的单价和实际支付的总金额验收货物;如果是入库商品,库管员要根据申购单核对物品的数量和规格,审计员出示单价及总金额,遇到需要用料人来确定物品质量的情况,用料人要现场验货。

第四步 填写报销单

直拨物资报销方法:库管员验收完物品后,根据验收的单据填写三联直拨报销单(一联厨师长保留,一联库房保留,一联做报销凭证),然后由厨师长、库管、审计员、采购员签字,然后交由总经理签字,只有五人全部签字后才能报销。入库物资报销方法:采购员购回入库物资经库管员验收合格后,库管员填写入库单据并签字,再由审计员和采购员签字,然后一联留底,一联作为报销凭证,总经理签字后就可报销。

第五步 出库物资

每天早上各部门主管在本部门所需领用的领料单上签字,库管员根据领料单的数量发放物品。晚上下班前,相关部门主管需要到库房统一签领出库单，出库单共三联，一联留底备用，一联报财务核算成本，一联交相关部门参考。

编者小评

采购员是徘徊于商家与供货商之间的纽扣，他关系到超市最直接的利益，对于采购员，超市要高度重视。

员工的工资有点高

【情景导入】

王超然经营一家超市已经有两年了。超市的位置处于几个小区交叉的地带，因此超市每天的生意都不错。然而一年下来，王超然一看公司财务报表傻眼了，去掉水电费、员工工资等各项开支，剩下的也寥寥无几，唉，又白忙活了一年。

于是，王超然找来了有经验的李先生分析原因。李先生一看王超然公司的财务报表，"呵呵"地乐了起来，说："王超然你可真有钱啊，你们员工的工资都不低啊。"原来，王超然给员工开的工资居然占到了超市利润的一半。王超然这一下可犯糊涂了："那我该怎么定工资呢？"李先生说："那你得先去做一下薪资调查啊。"

【案例剖析】

薪资调查就是通过各种正常的手段获取相关企业各职务的薪资水平及相关信息。对薪资调查的结果进行统计和分析，就会成为企业薪资管理决策的有效依据。

薪资调查应掌握以下原则。

（1）在被调查企业知情的情况下获取薪资信息。由于薪资管理政策及数据在许多企业属于企业的商业机密，不愿意让其他企业了解。所以在进行薪资调查时，要有企业人力资源部门与对方对应部门或总经理联系或利用其他方式获取信息。

（2）调查的资料要准确。由于很多企业对本企业的薪资情况守口如瓶，所以有些信息很可能道听途说得来的，不全面、准确率低。另外，在取得某岗位的薪资水平的同时，要比较其岗位的职责是否与本企业一致，否则参考价值不高。

（3）调查的资料要随时更新。随着市场经济的发展和人力资源市场的完善，企业的薪资情况经常变化，要调查及时的更新的资料才有参考价值。

【老板建议】

企业的报酬总额是企业所有员工的工资、津贴、福利和奖金等内容的总和，要注意的是，"所有员工"，既包括在职员工，也包括离退休员工。在确定企业的报酬总额时，首先要考虑企业的实际承受能力，其次要考虑员工的基本生活费用和人力资源市场行情。

提高企业的报酬承受能力可以从提高员工工作效率、降低管理费用、降成本费用和提高销售额等几个方面进行。

在确定员工的基本生活费用时要考虑：政府发布的物价指数和当地最低生活标准；当地平均的生活水平；同行业其他企业的员工基本生活水平。

另外，要根据报酬调查的结果，通过对其他企业报酬水平的分析和人力资源市场的行情和供需关系来测算企业的报酬水平。

老板给员工高薪，能很容易抓住员工的心，可以让员工处处为超市着想。但是员工的工资太高，超市就没有盈利了。

第十章 财务是个大问题

超市促销员的"奇招妙计"

【情景导入】

安星被一牛奶经销商派遣,开始在某超市负责促销牛奶。安星和该超市只签订了劳动协议,报酬由牛奶经销商支付,分为底薪和提成两部分。从2010年5月开始,由于安星和公司管理人员较熟,加上她有库房钥匙,她频繁到库房取牛奶。为了让熟悉的顾客踊跃购买产品增加自己的提成,安星私下将拿出的牛奶赠给顾客。同时,她还向一些顾客低价销售牛奶。后来经查证,在约一年的时间里,安星便将2757瓶(袋)的牛奶如蚂蚁搬家一样拿出超市,将价值24余万元的牛奶销赃后获利9万余元。2011年8月,该超市相关负责人无意中发现破绽后,安星才被警方抓获。

目前由于商业电子防盗系统广泛使用,超市顾客外盗比例明显下降,仅占30%;内盗特别是有组织盗窃犯罪有所"抬头"。而在内盗中又以收银员和促销员的盗窃较为普遍。

促销员常见的内盗手法主要有:直接偷窃本专柜的联营商品,因为可以只赔偿成本价或五折的售价,而出售了赃物还可以赚取差价;直接和顾客进行场外交易,以逃避超市扣点;偷窃商品后,伪造交接班记录,向超市报失,把责任转嫁给超市;把商品当赠品进行"买一送一"等。

【案例剖析】

以上作弊的手法都发生过真实的案例,而且作弊手法不断"推陈出新",

令人防不胜防。但是魔高一尺,道高一丈,以下的建议可以帮你防止促销员盗窃:

(1)和供应商签订促销协议时,增加对促销员偷窃行为处罚的约束条款。

(2)促销员和正式员工一样实行考勤卡管理,上下班进出经过员工通道。

(3)促销员人职后接受诚信文化教育。

(4)公平对待促销员,让他们有企业归属感。

(5)让促销员参与门店的服务或防盗奖励计划。

(6)企业内部建立不诚信员工黑名单,招聘前严格审查,防止招入不良人员。

【老板建议】

以下是促销员常见的偷窃方法,需要超市经营者在管理过程中加以注意:

(1)如果联营商品的特价编码没有清除,促销员在销售开单时,以特价编码出售,这样可以减少商场扣点。这种现象在服装促销员中较为普遍。

(2)促销员预先大量购买商场储值卡以获取折扣,在顾客用现金结账时,用个人储值卡代替结账,以达到套取现金的目的。这种现象在家电零售商的促销员中较为普遍。

(3)百货服装促销员钻促销活动的漏洞,如在买100送50的活动中,如果顾客购买的商品是150元,促销员可以分两次开单,先开100元获取50元赠券,再用来冲抵其余款项。或者顾客购买的商品只有199元,促销员会在开单时加上1元,来多获取赠券。这样都侵害了商场的利润。

(4)促销员为个人的积分卡积分。

(5)贵重的专柜联营商品(如数码产品)促销员偷窃商品后,伪造交接班记录,向商场报失,把责任转嫁给商场。

(6)促销员利用联营商品的购物小票去服务台空退货侵占现金,因为不是商场库存,所以无人核对实物。

（7）促销员利用给顾客送货的机会夹带商品外出。

（8）食品促销员偷吃偷喝。

由于超市促销员的报酬不由超市提供，这样就导致超市认为促销员不是本店员工，从而对其管理不够，这样容易导致促销员监守自盗。

促销员私拆封装多加商品

【情景导入】

××超市是整条街最大的超市，促销的产品比较多，所以促销员也比较多。化妆品类有十多个牌子，牛奶类有九个牌子。由于促销员的工资由厂家直接发放，因此促销员就产生一种心理，只卖自己促销的产品，认为之外的事是在帮超市做事，所以也不会积极主动的去做事，更有甚者，会钻空子，从超市拿一些东西回家。

李小姐是超市化妆柜的一名促销员。一天超市草莓在打折。她就来到一楼挑选荔枝，等到计量处打价封好后，她却私自拆开封装的计量标价签并多加了好几把草莓，然后去收银台结账。虽然整个过程被防损员发现，但同属于一个超市，抬头不见低头见，得罪人不好，结果也不了了之。

资深连锁超市小老板的生意经

【案例剖析】

促销员个人的素质很重要,这样的事情肯定不会只发生一件,若没有被发现势必造成超市商品流失;如发现了而不严肃处理将起不到以儆效尤的作用,长此下去,"蛀虫"太多,超市财产将遭受蚕食之痛,因此,对于"蛀虫",超市需要从严处理。

另一方面从制度上加以完善,同时也要加强对促销员的入职培训及入职时个人素质的评估。

【老板建议】

超市对促销员的管理的确很困难,曾有人试验过把促销员全下课,销售量并未减少,反而该类品每个品牌均有销售量,因此不鼓励超市进促销员,应把此笔费用用来投资在店内购物气氛的布置上,人海战术不是现代零售商业卖场所应出现的,对此,须提高厂家进促销员的门槛,使其把此费用投资于其他竞争手段上。

如果已经有了促销员,那么对促销员的管理一般来说是不由超市承担工资的,但在管理上是列入商场的范围,普遍的做法是由派驻促销员的厂商交纳一定金额的驻场保证金及每月管理费,在促销员出现不服管理的状况时,可以采用相应的处理手段。对多次违规的可以清场处理并没收保证金。

作为一家超市,不能因为促销员是厂家招来的人员而不严加管理,结果只能让超市蒙受损失。

第十章 财务是个大问题

有问题的青菜

【场景导入】

防损员在商场里注意到一位顾客手里拿着糖、口香胶及价值17元的巧克力5块。此顾客未推购物车,胳膊下夹了一把雨伞,购物篮里装了一些青菜。当他走到角落时,趁机将所拿商品藏在篮子里的三袋青菜内,又在篮子里加了三把青菜后去计量处打价。几把青菜提起来明显没那么重,计量员却未发现任何可疑迹象,且未觉察青菜重量与实际不符,依旧照常计量。当顾客走出收银台时,收银员仍未察觉。一把青菜价值二、三元钱,青菜的总价钱也就六七块钱,而里面的商品总价值130多元钱。

【案例剖析】

1. 计量课员工责任心极为不强,工作中的不仔细、不认真,给一些别有用心之人创造了可乘之机。

2. 收银员在收钱时,也未对异常物品多加注意。大多数收银员都存在着一种心理:收银员的职责就是收银,而防损在关键时刻却被丢在脑后。

3. 防损不只是某个部门或某些人的责任,而是卖场所有人的责任,尤其容易出现漏洞的计量课,防损的力度更应加强。

【老板建议】

有关数据显示,超市全部损耗中的88%是由员工作业错误、员工偷窃或意外损失造成的。这说明,防止损耗应以加强内部管理及员工作业管理为主。

资深连锁超市小老板的生意经

超市针对员工偷窃行为应制定专门的处罚办法,并公布于众,严格执行。员工上下班时从规定的通道出入,自觉接受超市保安人员检查,携带的皮包不得带入卖场或作业现场,应暂存放在指定地点。禁止员工在上班时去购物或预留商品。员工在休息时间所购商品应有发票和小票,以备检查。

超市经营商品种类繁多,如果员工在工作中不认真负责或不细致就可能导致种种失误。如将商品条码标签贴错,新旧价格标签同时存在或POP与价格卡的价格不一致,商品促销结束后未恢复原价以及不及时检查商品的有效期等。这样一来,某些顾客可以低价买走高价商品,或者买到过期商品向消协投诉,这不仅造成损耗,而且对企业形象极为不利。

因此,超市里各部门主管应给员工以明确的分工,每天开门之前把准备工作全部完成。如POP与价格卡是否相符;检查商品价格调整情况并及时调换;检查商品的保质期等。这样才能在此方面减少损耗。

编者小评

收银员要严把收款关,本着对超市对顾客高度负责的原则,除带有密封包装的商品外,凡是能够打开包装的商品必须打开包装核实检查里面是否有藏匿商品的情况,这样可以是超市的损失降到最小。

第十一章 安全、卫生必盈利

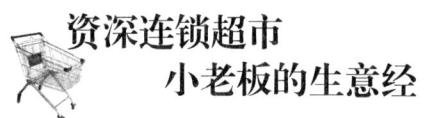

报警器误报引发的事件

【场景导入】

2001年某月的一天早晨，在某购物广场，顾客刘女士购买完化妆品，在收银台付完款准备离开时，一边的警报器突然响起，闻声而来的防损员跑过来，马上从刘女士手中夺过她的挎包进行搜查。这时许多正在购物的顾客也纷纷向这边张望，投来好奇的目光，后经防损员检查，原来是由于收银员失误，没将一瓶化妆水消磁而引发报警器鸣响。由于当时围观的人很多，扬小姐羞辱交加，顾不上听防损员的解释，扔下已买单的商品气愤地夺路而逃，跑出了商场。

当天下午，商场就接到刘女士哥哥(以下简称刘兄)打来的投诉电话，刘兄在电话里非常气愤，要求我商场对早晨的事件作出合理解释，并要求就此误会对其妹付20万元的精神损失赔偿费，原因是其妹在此事件中受到了常人难以想象的精神打击。（原来刘女士是名退役军人，以前在部队服役期间在一次意外的事故中被火烧伤，至令脸部还因烧伤严重变形，留下了永久的疤痕，为此她很少出门。这次意外的事故给刘女士的心灵造成了极大的创伤，今天购物的不愉快经历无疑是雪上加霜。）刘兄还对"商场强行对顾客搜包的行为"表示愤慨，声明我商场若不予以赔偿，他们会诉诸消协和相关法律部门。

商场顾客服务中心接到投诉电话后，马上召集相关人员进行开会分析。

这是一个比较特殊而棘手的顾客投诉事件，原因是：（一）报警器鸣响的原因是由于我方工作人员失误所致（未及时将商品消磁），并非顾客本人原因；（二）防损人员在例行公事时态度较粗暴（检查前未与顾客打招呼，直接拿下其背包检查）；（三）刘兄有相当强烈的法律保

第十一章
安全、卫生必盈利

护意识（刘兄本人毕业于法律专业，现任一家知名公司的销售经理）。如果答应顾客要求，我们肯定损失惨重；如置之不理，顾客一旦诉诸消协等相关部门，会给我商场的形象带来极大的负面影响。所以我们在处理时不仅要有非常大的耐心，而且要有相当丰富的临场应变能力和处理能力，否则不仅难以将顾客说服，而且会给以后的后续工作带来很多的麻烦。

在经过交流与讨论后，负责人带了礼物去刘兄家登门造访表示道歉。开始刘女士拒不接见，在前后20天的时间里一直如此，使谈判陷入僵局。但我商场一直非常有耐。，没有因为刘女士的冷漠态度而气馁，一直坚持每周登门拜访。经过6次登门拜访后，刘女士及其家人终于被我们的执著与诚意所打动，终于愿意接受我方的谈判。交谈起初刘女士一直还很生气，但我方负责人再三道歉，并对我们工作失误而给顾客造成的伤害致以深刻的检讨与自我批评。在经过多次的耐。交谈与沟通后，刘女士及其家人也深深体会到我们解决问题的诚意，将索赔的金额由20万元降到5万元，又降到1万元，最后经过双方多次的协商，和我门再三的诚恳致歉，最终以我方支付1000元的慰问金结束此事。

【案例剖析】

在这起顾客投诉的处理过程中，值得我们深思与借鉴的有：

1. 收银工作必须熟练与严谨，貌似不起眼的工作，如果失误常会隐藏巨大的隐患与危机，所以一定要强化收银员标准规范的工作意识；

2. 防损员简单粗暴的工作态度与方式（查寻顾客背包前没有与顾客提前沟通，且态度粗暴）是许多顾客投诉的焦点，今后我们一定要强化这方面的培训与正确引导。

3. 顾客投诉处理中，除了相关的处理技巧与临场不惊的丰富经验外，诚意与耐心是攻克许多难题的"法宝"。

【老板建议】

营运防损日常工作作业规范：

（一）工作职能

1. 工作目的：维护卖场正常营运秩序，全面负责顾客安全、同仁安全、商品安全、设备安全及治安消防安全。

2. 工作性质：受店总经理领导，为公司安全负责，贯彻执行公司规章制度，完成店总经理下达的各项任务。

3. 工作任务：预防为主，损失防范，堵塞漏洞，降低损耗。

4. 工作范畴：门禁管制；稽核工作；肃窃工作；表单控管；治安管理；消防管理；交通管理；突发状况处理。

（二）工作方针："预防为主，防打结合"，参与管理卖场防损安全工作，做好群防群治工作。

（三）人防：岗位设定原则，以岗定人，配合营业高峰时间合理编制岗位

（四）技防：建立一套保全系统消防系统和监控录像系统

（五）组织结构：各店根据情况编制

（六）上下班时间

1. 防损主任工作时间应与整个卖场营业高峰配合，副课工作时间应结合卖场以24小时轮班为主，防损课员工作时间与卖场营业时间同步，且需轮值大夜班。

2. 防损课员的排班时间应比卖场营业时间早30～60分钟，且需提前10分钟到达，分配至规定岗位执勤，下班时在未接岗时须继续执勤。按营业时间准时开启顾客出入口。每天营业时间结束后，防损员应负责清场并关闭顾客出入口，检查各区域门窗、电源设备、照明、煤气等关闭情况及员工出入口物品携出检查，确定员工全部离开（部分分店会同值班经理关门并设定保全系统），夜间24：00以后进出卖场须登记并安检。

（七）与各级公安、消防部门协调关系

1. 据国家相应法律法规，制定合理合法的安全内务管理处罚条例，接受公安、消防部门的监督与检查。

2. 制作警民工作联系卡，加强工作、业务交流，加强彼此了解，建立良好的工作关系。

第十一章
安全、卫生必盈利

（八）与各部门的工作关系、沟通及协调强调防损，Y-作重点，执行公司的规章制府，配备营业部门创利，建立安全防损工作监督举报箱，接受全体同仁监督、举报。

编者小评

现在超市都在出口处设有警报器，以防顾客偷拿超市商品。但是有些时候由于商品没有消磁，警报器也会响。这时作为工作人员，应搞清楚状况，以免发生误会。

落泪的赵女士

【场景导入】

2002年10月12日的《三秦都市报》报道了在某超市内发生的一则事情："顾客赵女士在超市购物，突然要上厕所，防损员却误以为她偷了东西，遂追出门外进行盘查，赵女士委屈地哭了。"

10月11日早9点，赵女士携老人、小孩到某购物广场购物。选好商品后她突然内急上厕所，便将老人、小孩留在超市内看物品。待她赶出超市外，一防损员追了出来并直言："你拿了润肤品没有买单。"赵女士忙翻出裤兜以示清白，防损员发现检查未果，便将自己的工牌翻转后转身就走。当时许多在场的顾客以为是抓小偷都纷纷围观上来，赵女士遭人误查，当场哭了起来。

记者赶到后，购物广场的防损部主管表示，对此事他们会引以为戒，在以后工作中将坚持文明防损，对员工加强培训。十二点半左右当事的防损员郭某及其主管在购物广场门前，代表该商场向赵女士当众道歉。

资深连锁超市小老板的生意经

【案例剖析】

1. 在公开的媒体上出现这样的报道，对企业形象造成了很大的负面影响，在此我们不得不在许多类似的案例中反省我们工作中的不足。防损员在整个卖场里都肩负着重要的职责，需要非常严谨与负责的工作态度，但我们往往由于追求片面的工作目的而忽略了工作方法的重要性。

2. 卖场里的任何一个工作环节最终目的都是为了推动销售，保证我们良好的经济效益。所以我们在做任何一项工作的时候都应本着这个良好的出发点，不要仅仅为了工作而工作。

3. 我们的培训工作应及时与卖场实际紧密相连，有必要对所有部门员工进行有关销售意义方面的培训，各级管理人员必须重视员工的培训工作。

【老板建议】

一位合格的防损员要做到：

（1）防损员必须履行安全防损岗位职责，对内外人员的行为、商品售卖的过程和卖场设施设备的运转等实施全方位监控。

（2）防损员按设定的岗位，着便装准时上岗，对本区域管辖范围的消防设施、防盗设施和安全生产情况以及用火用电的重点部位、出入口等进行安全检查，并及时做好巡查记录。

（3）防损员在巡查过程中要高度警惕，洞察周围可疑人或可疑事，一旦发现有盗窃嫌疑迹象的人，要沉着冷静、保持距离，保证行窃者在监控视线中，在掌握确凿证据的情况下将其抓获，及时由门店防损部进行处理。

超市员工这样不分青红皂白，随便污蔑顾客偷盗商品的做法，是非常不理智的。不仅对顾客还是超市都是不利的。

第十一章

安全、卫生必盈利

存包处的包"不翼而飞"

【场景导入】

一天,刘阿姨带着儿子去某大型超市购物。进入超市后,却发现手里拎着两个包,一个是儿子的书包,另一个是自己的小黑包,背着包买东西不方便,再说大一点儿的包超市也不允许带进去,刘阿姨便将包存在了存包处。然而买完东西出来准备领包时,刘阿姨发现儿子拿着的寄存牌不见了,于是赶去存包处,发现服务台上放着儿子的书包,自己的小包并不在一起。询问工作人员,却被告知已经有人拿着牌子取走了包,但工作人员没注意到取包的人落下了书包。很显然,冒领取包的人知道书包里不会有值钱的东西。

包丢了,刘阿姨觉得既然存在了超市,超市就得负责,于是要求超市赔偿,但工作人员也有自己的理由,是顾客自己弄丢了寄存牌,责任在顾客,因为工作人员只认识牌子,按照牌子取包,并不认人。

刘阿姨觉得有点儿不合理,包存在了超市为的是方便也放心,怎么责任反倒在自己了?

【案例剖析】

首先超市存包处有义务给顾客提供号码牌,顾客也应主动索取,以避免日后产生纠纷时取证难。顾客把包存在超市,就与超市形成一个保管合同,超市有保管义务,如果超市将包丢失则应赔偿全部损失。如果顾客把号码牌丢失了,则超市应承担举证责任,否则就应赔偿所有损失。即使顾客把号码牌丢失了,也只应赔偿号码牌的成本价,并不涉及责任分担。因此,

资深连锁超市小老板的生意经

超市应妥善保管好顾客的包物,避免产生不必要的纠纷。

【老板建议】

自助式存包服务是超市方为招徕顾客而采取的措施之一,超市为顾客存包属于保管合同。

《合同法》第369条第一款规定:"保管人应当妥善保管保管物。""妥善保管"是指保管人在进行保管时,在其条件许可范围内尽注意义务。注意义务因是否收取保管费而有所不同。在无偿的保管合同中,保管人应当尽与自己的物品同样的注意义务。在有偿的保管合同中,对保管人的妥善保管义务要求更加严格,保管人应以善良管理人的态度保管保管物,一切因保管人的过失而使保管物毁损、灭失的,要负赔偿责任。超市为顾客存包,虽然是无偿的,但该超市的营业所得利润中已包括了为顾客保管物品而应由顾客支付的费用,此种保管实际上并不是无偿的。因此,超市对顾客的物品保管应尽善良管理人的注意义务。超市不能以该保管合同无偿而主张免责。

编者小评

去超市购物,切莫存在侥幸心理,贵重物品最好自带,以免发生不必要的纷争。消费者一定要提高自我保护意识:"如果包包确实有必要寄存,可以在寄存之前要求超市检查登记包里的物品,万一丢失了也好维权。"

第十一章

安全、卫生必盈利

衣服竟然"长了翅膀"

【情景导入】

一天下午,王先生兴致勃勃地到某商场某一品牌西装专柜挑选西装。王先生对其中一套黑色的西装表现出了浓厚的兴趣,于是叫该专柜的促销员取来给他试试。可当王先生脱下试穿的新西装准备换上自己的衣服买单时,回头却发现自己原有的衣服被人偷走了。王先生对此表示极为不满。事后,经值班经理协商,给王先生补偿了一套衣服,才化解了此事。

【情景剖析】

顾客试鞋时,自己的鞋子竟"不翼而飞",这种事情发生在大型超市中,真是让人啼笑皆非。这不能不和我们日常工作的疏忽大意有关(试想:如果当时促销员在工作岗位上稍微多留意一下,顾客的这双鞋也不至于不翼而飞)。

许多大型卖场,广播里经常不间断地提醒购物的顾客小心看护好自己的东西(一则提醒顾客小心,二则引起全员警觉,同时也会让一些"想入非非"者有所收敛)。其实良好的防损意识是每位员工都需要强化的,因为只有"防患于未然",才能给顾客提供更优质满意的服务,让消费者得到更轻松愉快的购物享受。

【经营反思】

作为超市,应随时不忘给顾客提供贴心的服务。由于卖场人员流动较大,是偷盗事件的高发场所,所以卖场除积极协助顾客做好防盗工作外,还应

资深连锁超市小老板的生意经

提醒顾客提高警惕,做好自身防盗工作。一般超市、卖场都应该在显著位置张贴防盗提醒须知。

顾客在商场一旦发现物品被偷,首先应立即报警。超市有义务为顾客提供一个能够保障人身财产安全的试衣环境,是否承担责任需从两个方面来考虑。如果超市营业员在知情,却没有及时制止窃贼或通知提醒顾客,超市应承担一定的责任;如果商场营业员对东西被偷并不知情,顾客也没有将衣物委托给超市保管,东西一旦丢失,顾客没有理由追究超市的责任。超市大都设有"注意保管衣物,防止小偷"的提示牌,顾客自身应有安全警惕意识,对于贵重物品更应当妥善看管。

编者小评

顾客来超市购物,是对超市的信任。超市也应为顾客负责,不能因为衣服不是超市的,而置之不理。导致失去顾客的信任。

一瓶1000多的茅台不翼而飞

【场景导入】

周末,超市里的顾客非常多。这时,站在一旁的保安小马发现躲在角落里的一位客人鬼鬼祟祟,东瞅瞅,西望望。小马凭借自己多年干保安的经验,知道这位顾客肯定是想做什么坏事了。于是,小马盯紧了他。

这位顾客看周围的引导员都忙着招呼客人,没有注意到他,便随手把面前的一瓶价值1000多元的茅台塞到了自己包里。这一切都被小马看在了眼里，他迅速走过去，大声说："拿出来！"

"什么？"那名顾客一脸茫然。

小马坚定地说："拿出什么你知道，别让我说出来。"

顾客也急了："你这服务员怎么这么说话啊？我做什么了，你就这样！"

这时，值班经理走了过来，周围的顾客都望了过来。

小马把事情告诉了值班经理。

值班经理看了一眼那住顾客，说："我们保安都看到了，不要让他说了，您还是自己拿出来吧！要不，大家都不好看。"

这时，这名顾客一看周围的顾客都看着他们，只好把茅台拿了出来放到桌上，然后灰溜溜地走了，走时还说了一句："什么玩意儿！以后再也不来了！"

【案例剖析】

在上面的案例中，值班经理和保安小马的做法对吗？虽然他们成功地看管好了超市的物品，做好了防损工作，可恶劣的态度却给周围顾客留下了不好的印象，无疑会影响超市的顾客流。那么就没有办法，眼睁睁地看着顾客把东西拿走吗？当然不是，请看下面的处理办法。

【老板建议】

超市为做到防盗、防损，应做好以下事项：

（1）禁止顾客携带背包进入超市的卖场，背包必须放在服务台保管。

（2）现场工作的员工应加强在卖场巡逻，特别留意拐角及多人聚集之处；注意从人口处出去的顾客。

（3）有顾客边走边吃商品时，应委婉地口头提醒；定期为现场人员讲解防盗知识，鼓励全体人员共同防止顾客盗窃。

（4）发现确有顾客偷窃时，必须等其结账离开收银台后才能上前拦截；应依照超市统一处理原则，对抓到的偷窃者进行处理。

资深连锁超市小老板的生意经

据调查,大多数超市都丢失过商品,在发现顾客盗取超市物品时,要采取迂回战术,要人赃并获。不然的话很容易被小偷倒打一耙。

突然停电的遭遇

【场景导入】

一天晚上,毛小姐在一家超市购物时遭遇突然停电。

面对突如其来的停电,以及商场内的漆黑,许多顾客只得呆在原地不动。毛小姐到了出口处,看到许多顾客放弃了停留和购物,摸黑走到了出口。借助着发出微弱的亮光的几盏消防灯,阎女士也打算由"非购物通道"离开超市。

但当她走到出口时,却被工作人员加以阻拦,并告诉她:"马上就来电了,现在不能出去。"由于毛小姐要回家做饭,况且前不久青海玉树发生大地震让人心有余悸。地下超市黑糊糊的,阎女士要工作人员检查随身携带的包,然后放她出去,但工作人员还是不让她走,还把毛女士的衣服扯破了!

【案例剖析】

超市无故长时间扣留顾客的做法是不对的,因为依据《消费者权益保护法》,消费者在购买、使用商品和接受服务时享有人身、财产安全不受损害的权利。商场停电,其风险由商场承担,若以此为由扣留顾客则是侵

第十一章
安全、卫生必盈利

犯消费者的人身自由。

【老板建议】

商场平时应有相应的防范措施，店内应备有紧急照明灯、手电筒等应急照明工具，有条件的店铺可装配自动发电机。

为以防意外，稳妥、安全地处理停电事故。超市应该制定停电处理紧急预案。下面的预案值得经营者们参考。

某超市停电预案

1. 当发生停电事故时，保卫部部长、各楼层经理、设备科主管人员立即到达现场，成立应急小组。

2. 保卫部各在岗保卫人员必须坚守各自岗位，未在岗人员立即赶赴卖场听从应急小组指派。

3. 超市所有人员应在最短时间到达卖场，在各自岗位疏导顾客，防止意外情况发生。保护商品、财物不因停电而发生重大损失。

4. 各大门入12"保安阻止后续顾客入店，疏导顾客离店。

5. 收银工作由指定收银机使用UPS电源继续收银，其余收银员立即关闭银箱。

6. 增加收银台处保安员数量，疏导顾客尽快离店。

7. 各部组员工在各自岗位，协助引导疏散顾客，看好货区商品，冷冻、冷藏食品柜加盖，防止因停电而使商品造成损害。

8. 收银中。收齐钱款后，将钱款放入保险柜。

9. 疏散完顾客后，员工尽快撤离货场、库房，在卖场外等候，待来电后再进入货场。

10. 经检查确认卖场无人后，应急小组成员最后撤离，并封闭卖场，防止发生哄抢及因停电而造成顾客、员工人身伤亡事件。

11. 设备科迅速查找停电原因，并进行抢修。

12. 财务部应把票据、钱款迅速转移入保险箱。

编者小评

由于超市一般位于地下,所以一但遇到停电的情况,容易引起恐慌,也有不良顾客趁机窃取商品,这是对超市的一个考验。

电线短路,超市突然起火

【场景导入】

一天早上8点30分左右,还有半个小时超市就要营业了,华夏超市的员工开始打扫卫生。突然从电控室方向传出"砰"的一声。员工急忙跑到电控室一看,墙上的一根电线短路,烧了起来,火苗迅速蔓延前来,并把电控室外边的几箱白酒包装盒引燃了。

"不好,里面烧起来了!这位员工大喊一声。"这时三百多平方米的营业厅内烟雾缭绕。超市里都是女员工,她们急忙跑到超市外求救。外边的人听到求救声,拎起灭火器冲进仓库,对着火苗喷射。

幸好超市的员工受过消防业务培训,他们拿了几条浸过水的毛巾,掩住口鼻,拎起另一只灭火器冲进仓库。几分钟后,余火被他们扑灭了。由于扑救及时,堆放在电控室外边的二十余瓶酒只有的外包装被火烧焦,没有引起酒精爆炸。

【案例剖析】

超市防火一般可分为:卖场防火,生鲜熟食防火,电气防火,周转仓防火,办公室、财务部、宿舍防火。卖场火险,一般来自于顾客携入火种,电器短路和违章电器作业;生鲜熟食火险,主要来自于电器、燃气和违章安装、操作（如油炸、烘烤）及意外造成；电器火险，主要是由短路、过负荷、接触电阻热、电火花和电弧、照明灯具、电热元件、电热工具的表面热、过电压和涡流热造成；周转仓、办公室、财务部、宿舍火险，主要来自于电器方面的原因，人员吸烟和违章动火等因素造成。

【老板建议】

为确保超市在发生火灾时能够得到迅速准确的处理，各部门员工在紧急情况下应按照自己的职责并有条不紊地做好灭火疏散抢险安全工作。当出现火灾警报时，可遵循以下程序处理。

（1）报警设备。超市各种探测器将火灾信号传到消防控制中心，或者拿起消防专用电话可直接接通消防控制中心，使用普通电话，应牢记消防控制中心及本地消防局的报警电话。也可以启动手动报警器，启动手动报警器后，可使楼层警铃、火灾报警器的信号传到消防控制中心。

（2）报警方法。每个员工一旦发现有火星、不正常的燃烧异味以及不正常的热感应，都有责任检查是否有险情，如果有险情应该及时报警，并尽可能采取处理措施，等待救援人员到来。报警时，应按照顺序选择报警设备：首先用消防电话。因为消防电话不用拨号码，拿起电话就直通消防控制中心，保证能及时报警。其次使用普通电话。如果附近没有消防电话时，可用普通电话拨通119，讲清报警内容。最后选择使用手动报警器。如果发现火情比较严重不能控制时，即可启动手动报警器，因为手动报警器和警铃联动。如若报警，必然惊动用户，故除非情况严重，否则不要使用。

（3）报警内容。电话报警时，务必讲清下列几项：报警人的姓名和身份；火灾发生的具体地点；燃烧物质；火势大小；问清接报人的姓名。

超市作为公共场合，防火是至关重要的，所以超市平时就要加强员工的防火意识，对员工进行防火培训，一但发生状况，可以减少超市的损失。

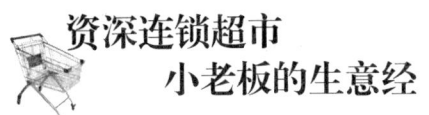

资深连锁超市小老板的生意经

顾客在卖场中到处拍照

【场景导入】

"没偷没抢,只是想给小孩拍张照怎么就不行了!"10月10日晚,在某超市内,市民丽华用手机给儿子拍照时被工作人员强行阻止,对方还准备夺过她的相机来删除照片,两人因此吵了起来。最后王丽当着工作人员的面,把照片删了了事。

原来,在超市内,一个新的模型玩具吸引了丽华儿子的注意力,儿子嚷嚷着要买下这个玩具。丽华一看玩具价格不菲,便哄儿子说:"先给你和玩具拍一张,让爸爸从外地给你带回来。"儿子答应后,丽华便开始给他拍照。

正在拍照时,工作人员前来阻止,声称超市内禁止拍照。"在超市里随便拍照,会泄露商业机密,对超市不利。"该工作人员称,如今商业竞争加剧,一些竞争对手会派人通过拍照、摄像等手段相互窃取商业秘密,造成企业的损失,因此该超市在分不清拍照者是消费者还是竞争对手的情况下,只能禁止所有人拍照。

"我只是单纯地给儿子拍照,不是想偷窃什么商业机密呢!"丽华对超市工作人员的解释很不满,她认为消费者在超市内拍照只是图个新鲜,超市不应该拒绝。

【案例剖析】

相关法律人士认为,超市等商场属于有自主经营权的公共场所,根据商家自主经营的需要,有权拒绝消费者拍照。但是,商家在拒绝拍照的时候,

第十一章
安全、卫生必盈利

不能采取粗暴拉扯等侵犯消费者权利的举动。

同时，该负责人提醒，为了避免在超市商场内发生纠纷，建议消费者在拍照前和商家进行沟通，或者是商家在显眼的地方设置"禁止拍照"等标志提醒消费者，以免造成误会和麻烦。

【老板建议】

商场内禁止拍照是零售业内一个不成文的行规，原因是一些企业的经营者担心竞争对手利用这种手段来窃取自己的商业秘密。

消费者如果确实想在商场内拍照摄像，有什么好的解决办法吗？国外卖场的做法或许能给我们以借鉴。在国外经常碰到类似情况，中方人员想拍照时，外方陪同人员都会马上与商场方面协商，取得其同意后，中方人员才可以拍照。因此在拍照之前双方充分沟通和协商，征得同意后再拍也不迟。如果协商后商家仍不同意，那么就不能拍。

一些禁止拍照的商家店堂里并没有禁拍标志。因此为了避免不必要的麻烦，商家最好在卖场内醒目的位置张贴禁拍标志，以提醒消费者。

编者小评

　　超市方"禁止拍照"是一项自我保护的行为（法律上的自助行为），并不侵犯消费者的知情权。超市虽然是公共场所，但是不同于马路、公园等地，是属自主经营的公共场所，在不侵害个人权利的情况下，经营者有权制定规则。一些消费者的拍照之举被制止，不能认定为侵犯了消费者的知情权。

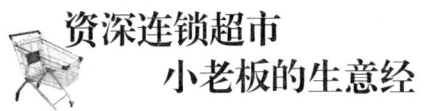
资深连锁超市小老板的生意经

低价引发的"灾祸"

【场景导入】

原价40.8元的色拉油,现价20.8元,就此一天,先到先得,快开抢购啊……超市的低价促销,引得周围居民闻声而来。

超市开门前抢购的队伍已经排了很长,将超市的北门挤得水泄不通。由于其他入口开放得比北门入口快,造成排在北门的顾客拥挤起来,大家咄喝着互相推搡,北门一开,等候多时的市民像潮水一样涌进大门,大概有一两百人一齐挤向入口……场面极其混乱。

促销活动刚一开始,几百人就蜂拥而上,工作人员只能站在梯子上,从货架直接往下抛色拉油。曾有顾客提出要求拿号排队买油,但工作人员并没理睬。他们往下抛油桶的时候就砸到人了,有人呼叫救命,但大家都在抢,也没有人管。

虽然商场保安声嘶力竭地喊着维持秩序,但没有作用。"有人摔倒了,不要挤。"不知道是谁叫了一声,随后10余人很快倒下,后来更多的人被踩踏。

这次踩踏事故造成40人受伤,其中有8人重伤。

【案例剖析】

拥挤踩踏等事件往往是突然间发生,仅凭保卫部门很难控制商场的每一个角落。因此对于一些大中型商场的任意角落都应该被"分片包干",这样一旦出现意外事件之后,无论顾客走到哪里,都会有人引领指挥。柜台内的售货员、柜台外的保洁员都可以成为某个区域的负责人。保安员则应该在紧急通道出入口保障顾客通行。

第十一章
安全、卫生必盈利

对于顾客来说，在发生意外事件后，必须服从商场工作人员的指挥，千万不要因为对方身穿保洁员的制服而对他们的引导劝告置之不理。

每个大型商业单位中负责应急的部门制度和人员都应该很确定。保卫人员必须在接受了严格的法律知识和治安保卫业务培训，掌握足够的抢险技能和知识后，经考试合格后方可上岗。

【老板建议】

保障商业促销活动的安全有序，从中央到地方都有严格的要求，商务部就明确规定在举行开业及大型促销活动时，商家应当制定详尽的应急预案，防止因促销活动使人群聚集造成秩序混乱、交通堵塞和人员伤亡。现场出现混乱时，商场应能迅速反应，控制局面化解危险。上海在《关于规范商业企业促销行为的通知》中甚至要求，对时间较长、规模较大、有可能引发治安问题的促销活动，应当事先向所在地公安机关报告，安全工作预案必须在公安机关备案，预案未经批准不得擅自实施促销活动。公共管理方给商家促销设定了严格的"紧箍咒"——必须要有应急预案，必须要有处理突发事件的能力。而这两个紧箍咒也是确保商家担负社会责任的前提要求。

任何企业都不能以自私侥幸的心理将社会责任摒弃于外，不能将社会人的理性一扫而空，为满足经济人逐利欲望而以便宜的特价商品诱惑顾客抢购。

商家和监管部门是导致"踩踏事件"悲剧发生的真正"幕后杀手"。而对于顾客来说，39.9元一桶油尽管比平常便宜10来元，但生命的价值却是更重要的多。无论何时要牢记：尽管商家怎么促销，但只有错买没有错卖。经不起小利的诱惑终会吃大亏，甚至引发人命关天的悲剧。希望这样的"踩踏悲剧"在今后不再重演。